体験しながら育もう
実行機能力 ステップアップ ワークシート

編著
NPOフトゥーロ
LD発達相談センター
かながわ

自立に向けての
アイテム 10

かもがわ出版

表紙イラスト・デザイン／高橋哲也

本文イラスト／ホンマヨウヘイ

本文デザイン／菅田　亮

は・じ・め・に

　私たちの日々の行動は、意識の程度はさまざまですが、「さあ、やらなくちゃ」とか「どうすればいいんだ〜？」と考えながら、ある目的に向かっておこなうことで満ちあふれています。この目的に向かっていくための力、もう少していねいな言い方をすると「解決したいことに対して、満足いくような結果を得るための力」を『実行機能』と言います。実行機能をうまく働かせることができると、やりたいことがたくさんできるし、やりたくないことや苦手なことも、やりきることができるようになります。

　けれど、これはそう簡単なことではありません。「漢字テストで100点をとりたい！」と思っていても、思っているだけで、ただ机に座っていても100点がとれるわけではありません。実行機能をうまく働かせられない理由は、いくつかあるでしょう。例えば、どうやったらいいかわからない、つまり「100点をとるための自分にあった漢字練習方法がわからない」ため。やろうと思うけれど最後まで続けられない、つまり「15分で飽きちゃった〜」。気持ちが向かない、つまり「100点をとるための練習方法は、わかっちゃいるけど、やりたくない」。いいやり方がわかってはいるけれど、自分が決めたやり方を変えられない、つまり「漢字カードに書き順を一画ずつ色分けして書いたカードを完成してから書く練習をする、と決めたやり方から変えない」ため。もしかしたら100点をめざすことが今の目標として高すぎて、始められないでいるかもしれません。

　この本では、実行機能の要素を「プランニング（実現可能な計画を立てる）」「優先順位」「時間管理」「空間や情報の管理」「ＳＯＳを出す」「忘れない工夫」「モニタリング（行動確認）」「シフティング（柔軟性）」「開始と持続」「コントロール」の10のアイテムとして整理しました。ゲームや工作、日常で起こりそうな場面をワークシートを通して考えてもらったり、実際におこなうなど、体験的な内容を心がけました。

　対象は、実行機能をうまく発揮しにくいＡＤＨＤやＡＳＤなど、発達にアンバランスさをもつ小学校高学年くらいからのお子さんです。10のアイテムを子ども自身にも意識してもらい、やるべきことや、やりたいことのための道筋を考え、実践するきっかけとして使ってほしいと思います。

　特に、アイテムの中で大切にしたいのが「ＳＯＳを出す」ことです。合理的配慮が導入され、その人に合った、その人の力を活かす学び方や働き方を尊重しようという考え方が広がりつつあります。なんでも自力でやらねばいけないわけではありません。どのようにしたらできるのか相談相手を見つけ、代替手段が活用できるよう主張できること、そのためには上手なＳＯＳの発信スキルは必須です。そして、子どもが勇気を持って出したＳＯＳに対して、言われた大人もしっかりと受けとる準備をしないといけません。

　今まで、『ワーキングメモリーとコミュニケーションの基礎を育てる　聞きとりワークシート』『あたまと心で考えよう　ＳＳＴワークシート』を刊行しました。本著が、これらのお兄さんお姉さん版として自立に向けての指導に活用されることを願っています。

もくじ

●はじめに　　　　　　　　　　　　　　　　　　　　　　　　　　　　　　3

1章　実行機能とは　　　　　　　　　　　　　　　　　　　　　　　7

- 実行機能とは　　　　　　　　　　　　　　　　　　　　　　　　　　8
- この本でとらえる実行機能とは　　　　　　　　　　　　　　　　　　9
- 発達の遅れや偏りのある人たちと実行機能　　　　　　　　　　　　　11
- 実行機能への支援や指導　　　　　　　　　　　　　　　　　　　　12

2章　ワークをおこなうにあたって　　　　　　　　　　　　　　15

- 2- 1　進め方　　　　　　　　　　　　　　　　　　　　　　　　　16
- 2- 2　みなさんへ　　　　　　　　　　　　　　　　　　　　　　　18
- 実行機能アイテムチェックリスト　　　　　　　　　　　　　　　　19
- 2- 3　3章　解説・解答　　　　　　　　　　　　　　　　　　　20
- 2- 4　4章　解説・解答　　　　　　　　　　　　　　　　　　　36

3章　まずはチャレンジ　基本ワーク 57　　　　　　　　　　45

- 3- 1　自分のレベルを知ろう　　　　　　　　　　　　　　　　　　46
- 3- 2　時間感覚を身につけよう　その1（どのくらいかかるかな？）　47
- 3- 3　時間感覚を身につけよう　その2（もっと早くするためには？）　48
- 3- 4　24 時間の使い方　その1　　　　　　　　　　　　　　　　49
- 3- 5　24 時間の使い方　その2　　　　　　　　　　　　　　　　51
- 3- 6　目標を達成するためには　その1（Aさんのことを考えてあげよう）　52
- 3- 7　目標を達成するためには　その2（漢字小テスト実践）　　　54
- 3- 8　陣取りゲームに挑戦！　　　　　　　　　　　　　　　　　　55
- 3- 9　カード検索ゲームに挑戦！　　　　　　　　　　　　　　　　56
- 3-10　場面にあった字を書こう　　　　　　　　　　　　　　　　　60
- 3-11　買い物も作戦が勝負！　その1　　　　　　　　　　　　　61
- 3-12　買い物も作戦が勝負！　その2　　　　　　　　　　　　　62
- 3-13　何からやるといいのかな？　その1　　　　　　　　　　　63
- 3-14　何からやるといいのかな？　その2　　　　　　　　　　　64
- 3-15　何からはじめ、どこまでやれるかな？　　　　　　　　　　　65
- 3-16　やるべきこと・見すごすこと　　　　　　　　　　　　　　　66

3-17	やりたいこと・やれること・やらなくてはいけないこと（海外旅行にて）	68
3-18	博学検定試験をクリアするには	70
3-19	ほかほかキッチンを繁盛させよう！	71
3-20	部活続ける、やめる？	73
3-21	自分に何が合うのかな　（もしもバイトをするなら）	74
3-22	自分に何が合うのかな　（球技大会）	75
3-23	話し合いのコツ　その１	76
3-24	話し合いのコツ　その２	77
3-25	時間逆算計算の達人になろう	78
3-26	すばやく準備しよう	79
3-27	スケジュール管理アイデア　「優先順位スケジュールボード」制作	80
3-28	どっちが見やすい？	81
3-29	心地よい部屋づくりシミュレーション	82
3-30	心地よい街づくりシミュレーション	84
3-31	捨てる、捨てないの判断基準	86
3-32	外出先に合わせた移動手段	88
3-33	在庫チェックをしてみよう	89
3-34	SOS は、いつ出すの？	90
3-35	みんながだれかを頼っている	91
3-36	忘れない工夫	92
3-37	自分に合ったメモの取り方	93
3-38	覚えにくいこと・忘れてしまうことへの対処法	94
3-39	順番を考えよう　その１（調理編）	95
3-40	順番を考えよう　その２（工作編）	96
3-41	気をつけるべきことは何かな？	97
3-42	計画変更！	98
3-43	これがないとき、何で代用する？　その１	99
3-44	これがないとき、何で代用する？　その２	100
3-45	緊急事態に対処せよ！	101
3-46	未来を変えるには？	102
3-47	想定内練習をしよう	103
3-48	失敗対処法　その１	104
3-49	失敗対処法　その２	105
3-50	２分間やり続けよう　その１（やってみよう）	106

3-51	2分間やり続けよう　その2（もっと早く書くには？）	107
3-52	自分にあった続け方は？	108
3-53	ごほうび換算表を作ろう	110
3-54	やる気スイッチを探せ！　その1（時間 VS 自分）	112
3-55	やる気スイッチを探せ！　その2（機嫌直し処方せん）	114
3-56	さまざまな気持ちのコントロール法	115
3-57	それぞれの合格ライン	118

4章　生活の中で試してみよう　実践ワーク12か月　　119

4月	1年間のおおよその計画を立て、大切なことはメモをとる習慣をつけよう	120
5月	生活リズムを作ろう	123
6月	予定変更の乗りこえ方	128
7月	洋服について考えてみよう	
	・衛生面について	132
	・天候に合った服装	133
	・年齢に合ったコーディネートを考える	134
8月	夏休みの過ごし方	136
9月	忘れ物対策を考えよう	140
10月	健康管理をしよう	144
11月	気が向かないことでもやろう	148
12月	快適に生活するために、そうじのやり方を知り実践しよう	152
1月	金銭感覚を身につけよう	156
2月	同じ失敗をくり返さないために	160
3月	未来の自分へ、ライフプランを立てよう	164

1章
実行機能とは

●●・実行機能とは

　実行機能とは、遂行機能とも呼ばれ、広く複雑な考え方ですが、「解決したいことに対して、満足いくような結果を得るために、総動員するさまざまな能力」ということができるでしょう。そう考えると私たちの生活のほとんどが、実行機能によって進められていると考えられます。以下のエピソードを読んでください。

例 1　「解決したいことA」：Aくんは、小学3年生です。木曜の総合の時間に「仕事について」、お父さんにインタビューをして、まとめる宿題が出ました。提出は、来週の月曜日です。

　この宿題を完成させるには、まず、何をインタビューすればいいのかわかっていること、どの紙にどのような形式でまとめるのかがわかっていること、家に帰って忘れずにお父さんに宿題のことを伝え（帰宅が遅いお父さんだったら、どのような手段で伝えるかを考えることも含まれます）、いつインタビューをするかを決め、インタビューで聞いたことを書き取り、文章にし、書きまちがいがないか見直し、忘れずに月曜日に提出することが必要です。

例 2　「解決したいことB」：Bさんは会社員です。家族は、小学生と高校生の子ども2人と夫の4人家族です。今日は7時に夕食にしたいと考えています。

　そのためにおこなうことは、まずはメニュー決めでしょうか。冷蔵庫に何があって、何がないか、今日は蒸し暑くなりそうだからとか、調理に時間がかけられない日だ、お給料日前だからとか、さまざまな条件をもとにメニューを決めることでしょう。メニューが決まったら、次にすることは、ごはんは朝のうちにタイマーでセットしておく、冷凍しているお肉は、朝のうちに冷蔵庫に移しておく、もうなくなりそうな調味料を忘れずに買うなど、何をどの時間から準備したり買い物したりするか考え、行動します。

　また、その日の人数に応じて材料の量を決めたり、何時から調理をはじめ、何から作っていけば、いいタイミングでおかずがテーブルに並べられるか時間をだいたい逆算します。調理法でも、この前、ブロッコリーをゆですぎたから今回は気をつけないと、といった失敗経験を活かしたり、前回、水菜サラダのトッピングに揚げじゃこをのせたら好評だったから、今日もそうしてみようと考えたり、調理中に小学生の子どもが帰ってきて「新しいシャツにスミをつけちゃった……」と見せにきたり、宅配便がきたりしながらも、7時に完成させます。

　このように私たちの行動には、実は多種多様な実行機能の要素が含まれているのです。実行機能に何を含めるかは研究者によって違いはありますが、近年、広く受け入れられている

ものとして、森口氏が紹介しているMiyake らの「抑制機能」「アップデーティング／ワーキングメモリ」「シフティング」というモデルがあります。

●「抑制機能」

その場面において優位な行動や思考を抑える機能です。

例えば、『解決したいことA』なら、休み時間にすぐドッジボールをしたくても、インタビューする内容がわからなかったら、ドッジボールを少し我慢して、忘れないうちにまずは宿題の内容を友だちに聞いておく、などがあてはまるでしょう。

●「アップデーティング／ワーキングメモリ」

頭の中のメモ帳に書かれている情報を確認し、必要な新しい情報は更新していく機能です。

例えば、『解決したいことB』なら、「なくなりそうな調味料を買うこと」を忘れないでいることや、ブロッコリーを今度はゆですぎないようにすること、新しくやってみた「水菜サラダのトッピングに揚げじゃこ」をまた作る、などがあてはまります。

●「シフティング」

やるべき課題を状況に応じて柔軟に切り替える機能のことです。

例えば、『解決したいことB』で、今日のメニューはから揚げにしよう、と朝決めていたのに、夕方に買い物に行ったらあいにく鶏肉は売り切れ、レジも大行列で他のお店に買いに行く時間がないことがわかり、豚のしょうが焼きに変更する、といったところでしょう。

•••この本でとらえる実行機能とは

現在、Miyake らのモデルを土台とし、新たなモデルや実行機能を評価する課題や、行動評価尺度が複数作成されています。この本をまとめるにあたって、海外の実行機能に関しての文献を参考に、中でも玉木宗久氏がBRIEF（Behavior Rating Inventory of Executive. Function）を参考に分類した実行機能の考えをもとに、そして長年指導で関わってきた子どもたちをイメージしながら、より必要と思われる実行機能を以下の「10のアイテム」として整理することにしました。

アイテム 1 プランニング（実現可能な計画を立てる）

活動をやり遂げるために、いきあたりばったりやってうまくいかないとか、あまりにも理想的すぎる計画で実現不可能になるのではなく、実際に、やりきれる計画を立てることができる力。そのためには、自分がそれを完成するにはどのくらいの時間がかかるか、どのあたりを自分の中での合格点にするかなどの自己理解も必要になります。プランニングということばは、広義な意味をもつことがありますが、ここでは計画を立てるまでの力とします。

アイテム 2 優先順位

アイテム1のプランニング能力にも関連してきますが、複数の活動があったとき、とりかかる順番を決め、何がより大切なのかを考える力。自分がやりたいことと、やるべきこととの折り合いをつけることも大切になります。

アイテム 3 時間管理

アイテム1のプランニング能力にも関連してきますが、時間には限りがあることを知り、時間を意識しながら行動する力。時間の感覚を知るとともに、自分の作業や活動速度を知ることで、さらに高度な時間管理ができるようになります。

アイテム 4 空間や情報の管理

部屋や机、かばん、プリントなどを整理整頓する力や何かを知りたいときの、ものの調べ方や、調べたものを整理して管理する力。

アイテム 5 SOSを出す

すべてのことを自分でできる必要はありません。この力は、先行研究ではあまり取り上げられてはいませんが、困ったときにタイミングよく、受け入れられやすい方法で自分から援助を求める力、援助要請能力は行動を達成する上では、とても大切と考え、今回のアイテムに含めることにしました。

アイテム 6 忘れない工夫

覚えやすくする工夫の仕方や、忘れてしまいそうなことはどうしたらいいかを考える力。忘れっぽい自分とどう付き合うか、手立てを考えられるようにします。また、やるべきことや情報が新しくなったとしたら、それを更新する力も必要ですが、これはアイテム8のシフティング能力にも関係してきます。

アイテム 7 モニタリング（行動確認）

勘違い、やり忘れがないか見直す力、そのやりかたでよいか、または、以前よりもよくなったかを確認する力、確認の習慣をつけたり、確認のしどころが意識できることは、同じ失敗をくり返さないために大切です。

アイテム 8 シフティング（柔軟性）

予定していたように物事が進まないとき、状況に応じて、方法や目標を柔軟に変える力。思い通りにいかなくても落胆し過ぎないように、プラス思考で考える発想やさまざまな展開を予測できるイメージ力があることも大切です。また、習慣化したことや、一度覚えたことに変更が出たときに新しい行動に切り替えること（アイテム6にも関連）、やりたい気持ちを切り替えること（アイテム10にも関連）も含まれるでしょう。

アイテム 9 開始と持続

あまり気が向かない活動でもタイミングよく活動を開始し、一定時間続ける力。1つの活動をやり始め、やり続けるためにはどんな工夫ができるか考え、実行する力。

アイテム 10 コントロール

いやな気持ちやうれしい気持ちを適切に表現する力、切り替える力や誘惑に負けない力。気分の変え方をたくさん知っていると気持ちも安定しやすいので、ワークの中にはこれらも取り入れています。

では、ここで問題です。「解決したいことA」「解決したいことB」のエピソードのそれぞれの行動は、ここで紹介したどのアイテムに関係しているのでしょうか。考えてみてください。答えは、この章の最後のページにあります。

●●・発達の遅れや偏りのある人たちと実行機能

自閉症スペクトラム（ASD）やADHDなど、発達障がいを持つ人の生活面や学習面、対人面での困難さの背景として中枢神経系の障害が推定されています。ASDの人が変化を嫌い、同じことをくり返したがるといった、同一性保持や反復的な行動パターンをとること、注意の切り替えが難しいことなどは、実行機能の弱さから起きているという研究は複数見られています。また、ADHDの人の衝動性、注意散漫や多動といった行動特徴も実行機能と深く結

びついた神経基盤との関連から見られる状態であると考えられています。実際、私たちのところに、相談にこられる中学生以上の子どもをもつ保護者の困り感は、学習や社会性、コミュニケーションと同じくらいに「段取りや要領の悪さ」「時間にルーズ」「学習計画が立てられない」「指示待ちで自主的に行動できない」「思考の柔軟性に欠ける」「言われたことを忘れて同じことをくり返す」など、実行機能に関する内容が多く聞かれます。ある高校のコーディネーターの先生と話したときに「指導の中心はプランニングあるのみです！」と、力説しておられました。自分自身がそういったことが苦手だとか、失敗をくり返してしまうということに気づき、どうにかしたいと思って来所する子もいます。

　また、実行機能は脳の前頭前野の発達に対応して乳・幼児期から青年・成人期にかけてゆっくり成長していきます。このことは、適切な環境でよい経験を重ねることで、発達の途上にある子どもに変化成長が期待できるということです。つまり、発達に遅れや偏りがあっても、自分にあった実行機能の発揮方法を見つけてもらうことで、より学びやすく、また暮らしやすくなり、生きる力、自立に必要な力を身につけられるのです。

●●● 実行機能への支援や指導

　では、このようなアイテムを身につけていくためには、どうしたらいいのでしょうか。どのような支援や指導でも、２つの方法が考えられるでしょう。ひとつは、その子どもが目標を達成しやすいように周囲を変えること、つまり、環境調整すること。もうひとつは、子ども自身が達成しやすい方法、学び方を知り、身につけることです。どちらも大切な支援や指導で、子どもの年齢、発達段階、困難さの度合い、子ども自身の意識によって、両者の配分は変わってくることでしょう。

　困難さのある子どもに対しての支援として、まず、環境調整からスタートすることが多いかと思います。時間管理が苦手な子どもには、活動の終了時間が見てわかる、タイムタイマーを使うなどがこれにあてはまります。

　一方、このワークシートは、主に子どもに直接働きかける、つまり、後者の支援のためのものです。基本的な流れは、以下のようにしています。

---

① 本人にそうすることの大切さや、必要感を意識してもらう

② 自分に合った方法を考える

③ 実践する

④ ふり返り見直す

⑤ 次に活かす

タイムタイマーの使用も指導者が用意してあげれば、環境調整ですが、その便利さに気づいて子ども自らセットして使うとなると、子ども自身が身につけたことになります。

こうやって進めていくことが、最終的に自分で考え行動する（＝自立していく）ためには大切なことと考えます。

ですが、ワークシートだけをおこなえば、すぐに、それらの能力が獲得できるわけではありません。ワークシートを使い「実行機能を考えるきっかけ」にしてみてください。子どもによっては多くの環境調整と並行していく必要があるでしょうし、「きっかけ」から「定着」に至るまで継続していくことが大切です。

実行機能の支援、指導は大人からしてみれば、「あたり前にやるべきこと」かもしれませんが、その必要性を話しても興味がもてない子どももたくさんいます。「やらないといけないと、わかっているけどやれない」「好きなことをやめられない」「必要性を感じない」といった気持ちで、ただやらされている支援、指導ではなく、「おもしろいからやろう」「自分にとってメリットがあるからやろう」「便利になるからいい」「達成感が得えられ、自分にとって生きやすくなるからやろう」という子どもの『情緒的側面』に常に思いをはせながら支援、指導をおこなっていきたいものです。

例1・2の 解答例

（言動には複数の要素が含まれます。主たる部分で分類しています）

「解決したいことA」：

- 何をインタビューすればいいのかがわかっていること、どの紙にどのような形式でまとめるのかがわかっていること　⇒　**アイテム 4 情報の管理**

- 家に帰って忘れずにお父さんに宿題のことを伝え　⇒　**アイテム 6 忘れない工夫**

- （帰宅が遅いお父さんだったら、どのような手段で伝えるかを考えることも含まれます）
  ⇒　**アイテム 8 シフティング**

- いつにインタビューをするかを決め、
  ⇒　**アイテム 1 プランニング**　**アイテム 3 時間管理**

- インタビューで聞いたことを書き取り　⇒　**アイテム 4 情報の管理**

- 書きまちがいがないか見直し　⇒　**アイテム 7 モニタリング**

- 忘れずに月曜日に提出すること。　⇒　**アイテム 6 忘れない工夫**

「解決したいことB」：

- まずはメニュー決めでしょうか。冷蔵庫に何があって、何がないか、今日は蒸し暑くなりそうだからとか、調理に時間がかけられない日だ、疲れているから元気だからといった、さまざまな条件をもとにメニューを決めることでしょう。

  ⇒ アイテム **1** **プランニング**（2：優先順位、3：時間管理、10：コントロールも含まれる）

- メニューが決まったら、次は、ごはんは、朝のうちにタイマーでセットしておく、冷凍しているお肉は、朝のうちに冷蔵庫に移しておく、もうなくなりそうな調味料を忘れずに買うなど、何をどの時間から準備したり買い物したりするか考え、行動します。

  ⇒ アイテム **6** **忘れない工夫**　アイテム **3** **時間管理**

- また、その日の人数に応じて材料の量を決めたり、⇒ アイテム **4** **情報の管理**

- 何時から調理をはじめ、何から作っていけばいいタイミングでおかずがテーブルに並べられるか時間をだいたい逆算します。⇒ アイテム **2** **優先順位**　アイテム **3** **時間管理**

- 調理法でも、この前、ブロッコリーをゆですぎたから今回は気をつけないとといった失敗経験を活かしたり、⇒ アイテム **6** **忘れない工夫**　アイテム **7** **モニタリング**

- 前回、水菜サラダのトッピングに揚げじゃこをのせたら好評だったから、今日もそうしてみよう ⇒ アイテム **6** **忘れない工夫**　アイテム **7** **モニタリング**

- 調理中に小学生の子どもが帰ってきて、「新しいシャツにスミをつけちゃった…」と見せにきたり、宅配便がきたりしながらも、7時に完成させます。

  ⇒ アイテム **9** **持続**　アイテム **10** **コントロール**

【参考文献】
- 森口佑介　2012年『わたしを律するわたし』京都大学学術出版会
- 大村一史　2015年「発達障害児に対する実行機能の認知トレーニング」『山形大学紀要』第16巻
- 玉木宗久・海津亜希子　2012年「翻訳版BRIEFによる自閉症スペクトラム児の実行機能測定の試み」『国立特別支援教育総合研究所研究紀要』第30巻
- 玉木宗久　2014年「実行機能の働きから考える子どもの支援」『発達教育9号』
- Gioia et al., (2000年) BRIEF (Behavior Rating Inventory of Executive. Function). Psychological Assessment Resources Inc. [PAR社]
- Melezer, L. (2010) Promoting executive function in the classroom. The Guilford Press.
- Dawson, P. & Guare, R. (2010) Executive skills in children and adolescents/ a practical guide to assessment and intervention. second edition. The Guilford Press.

2章
ワークをおこなうに
あたって

2-1　進め方

　3章のワークは獲得をめざすアイテムをおおよそ1から10の順に、4章のワークは1年間の時期に沿った内容の順で構成しています。それぞれタイトルの横にメインアイテム、サブアイテムの番号が書いてあります。

　まず、基本ワークシートの3章を順番におこない、終わってから4章の実践ワークシートをおこないます。その他に4章をおこないつつ、次の月までに関連した3章のいくつかをする、対象の子どもに必要な部分のみをおこなうなど、さまざまなやり方ができます。子どもの実態にあわせてください。

　おこなうワークを決めたら、以下のように進めます。

①はじめに、指導者が「ワークシート」および「2－3解説・解答」を読みます

　どのワークシートにも、おおよその進め方は書いてあります。それではわかりにくいものには、解説に補足があります。また、問題に答えがあるものは、解答や解答例が書いてあるので、まずワークシートと本章の解説・解答を読んでください。

②ワークシートをコピーして準備します

　そのまま記入できるものもありますが、くり返し使うことを考えるとコピーして使うとよいでしょう。1ページでB5サイズなので、A4に拡大したほうが使いやすいでしょう。また、ワークによっては、B4、A3に拡大したほうが子どもにとっては、使いやすいページもあるかと思います。ワークシートに「準備物」と書いてあるページは基本的な筆記用具（鉛筆、

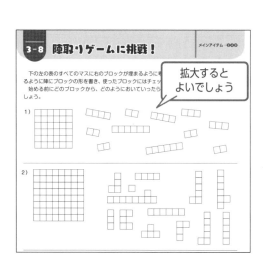
拡大するとよいでしょう

準備物を用意してください。

消しゴム、色鉛筆など）以外にも、必要なものがありますので解説などで確認し、事前に用意をしてください。タイトル番号やマークを子どもが気にするようでしたら塗りつぶしてください。

③子どもとワークシートをおこないます

基本的には、やり方にそっておこないますが、子どもの実態に合わせて、やり方を変えてもかまいません。解答や解答例のある問題は、答えを確認します。ふり返りの欄がある場合は、おこなった後の感想などを書きこみます。継続しておこなう問題もありますので、ワークシートがなくならないような保管の仕方を考えてください。また、どのワークシートも日常生活に般化することが大切なので、「あの時と同じだね」とか「今度の○○（例えば行事など）の時どうしようか？」などと、生活場面につながる話題を持つようにしてください。どのワークも子ども一人と指導者でおこなうことができますが、グループ指導でおこなえば、お互いの情報や意見交換ができてよいでしょう。

★子どもたちへの意識のさせ方★

このワークの対象は小学校高学年から、中高生です。実行機能とは何か、自分はどんなことはできていて、どんなことが苦手か、苦手なことを練習したり対処法を考えようと、意識して課題に取り組める子どももいるでしょう。本人の意識や動機が高ければ、当然よりよい変化が期待できます。その場合、次の「２－２みなさんへ」のページを一緒に読み、「実行機能アイテムチェックリスト」を自己チェックしてからワークシートに取り組むといいでしょう。子どもがリストの説明だけでは、アイテムの意味がイメージしにくいようでしたら具体的な例を示してあげてください。

また、ワークを進めしばらく（半年〜１年位）経ってから、最初のチェック欄に紙などをはって隠しておき（前回の評価に影響されることを避けるため）、再度評価をしてみるとよいでしょう。

チェックリストを２枚コピーして、本人と関わる大人とで、それぞれチェックし、「先生はこう思うよ。なぜなら…」と第三者の評価を伝えてもいいでしょう。子どもはおこなわず、指導者が実態把握をするための評価表として、使用してもよいでしょう。また、より子どもに合った自己理解チェックを独自につくっておこなってもかまいません。

●●・・ 2-2 みなさんへ

あなた が これから おこなう ワークシート は、「実行機能力」を アップする ための ものです。「実行機能」とは、自分 が やりたいこと、やらなくては いけないこと、困ったこと など が あった時に、<u>自分にとってよりうまくいく ように 考えたり、行動する ために 必要な 力</u> です。

「実行機能」には たくさん の 力が 含まれています が、今回 代表的な力を「10のアイテム」として 選び、あなたに それらの 力 を アップして もらいたいと 思います。

まず、自分 は それらの力 を 十分持っているか を チェックを して みましょう。また、あなたのこと を よく知っている 大人の人 にも チェックしてもらいましょう。

すべてが 5である 必要は ありません。5でなかったアイテム を 身につけるためには どんな練習が必要で うまくいかないとき は どんな人 や どんなもの に 手伝ってもらう と うまくいくのか を ワークをやりながら 考えていきましょう。

そして、ワークシートに 取り組んだ 後に また チェックしてみましょう。

実行機能アイテムチェックリスト　　チェックした人　・自分　・＿＿＿＿＿＿＿＿＿

それぞれのアイテムの力を１～５のレベルでチェックしてみましょう。

５…どんなことでも自分１人で、工夫してできる

４…ものによっては、自分１人でできる

３…親や先生、友だちに少し手伝ってもらえればできる

２…親や先生、友だちにかなり手伝ってもらえればできる

１…親や先生、友だちに手伝ってもらってもできない、またはやったことがない

NO	アイテム名	どんなアイテムか	記入日 /	記入日 /
①	プランニング (実現可能な計画を立てる)	実現できる計画が立てられる。		
②	優先順位	やることがたくさんある時に先にやったほうがいいものを考え、大切なことからやれる。		
③	時間管理	しめきりや約束の時間を守った行動ができる。遅刻をしない。必要な時に急げる。		
④	空間や情報の整理	ものや情報がすぐ取り出せるように整理している。わからない時の調べ方がわかっている。		
⑤	SOSを出す	わからない時や困ったときに、助けを求めることができる。		
⑥	忘れない工夫	忘れてはいけないことを覚えておけるようにしている。		
⑦	モニタリング (行動確認)	やりまちがいや、やり忘れがないかなど見直す習慣がついている。前よりうまくやろうとしている。		
⑧	シフティング (柔軟性)	うまくいかなそうなとき、違うやり方を考え実行できる。		
⑨	開始と持続	やるべきことをすぐに始めて、完成するまでやり続けられる。		
⑩	コントロール	うまくいかないとき、落ち込みすぎたり、うれしいとき興奮しすぎたりせずに活動ができる。気持ちの発散方法をもっている。		

	記入日　/	記入日　/
満足しているアイテムは	番	番
アップしたいアイテムは	番	番

さあ、これから　ステップアップを始めましょう！

●●・・ 2-3　3章　解説・解答

1 自分のレベルを知ろう

　実現可能な計画を立てるためには、自分の力量がわかっていることが大切です。自分の運動能力や知識量を、どれくらい把握しているかという活動を通して、このことを体験してみます。予想に合わせようと回数や時間を調整しそうな場合は、予想部分に紙をはるなどして隠しておき、やった後に、紙をはがして確認してもよいでしょう。答えは、特にありません。予想と実際が大きくずれた場合は、指導者が似たような問題を作って再度チャレンジしてみるとよいでしょう。

[用意するもの]
　ストップウォッチ、（答えを残しておきたいなら）記録用紙

2 3 時間感覚を身につけよう
（その1：どのくらいかかるかな？）
（その2：もっと早くするためには？）

　2 では、1 と同様に予想を立てて、実践します。⑧以降は、子どもにとってより必要なこと、例えば、「朝の身支度の時間」「宿題を終わらせる時間」などを自由に記入しておこなってください。

　3 では、時間短縮の方法を考えて、より早くできることをめざします。具体的な行動が、思いつかない子どもには選択肢を提示してあげてください。⑦の短縮は難しいので①〜⑥、または考えた⑧⑨を選んでおこなってください。

[用意するもの]
　おりがみ1枚、はさみ、漢字ドリル、ノート、50枚の紙、クリップ10こ、外出セット、Tシャツ、ズボン、やかん、水

4 5 24時間の使い方（その1）（その2）

　たろうさんの例を参考にして、1日の時間を分類することで、無意識に過ごしている時間を意識化させます。時間表は、①平日、②土曜、③日曜となっていますが、子どもの生活に合わせて修正して使ってよいです。（その2）の自由時間は、ゲームやパソコン、テレビ、友だちと遊ぶ時間などを計算しています。

6 7 目標を達成するためには
（その1：Aさんのことを考えてあげよう）
（その2：漢字小テスト実践）

　目標達成のために、やるべきことの順番や必要なこと、効果的なことは何かを考えます。

　6 では、やることの順番を考えます。

　7 では、できること、必要なことについて考えます。

　子どもの判断が、答えの例と違っていても、実際におこなえ、適切であればよしとします。その場合、なぜそのようにしたのか、理由をきいてみるとよいでしょう。

　6 [用意するもの] はさみ、のり

解　答

1) 例「8時15分までに登校する（遅刻をしない）」を達成するには

8時10分には校門を入る
学校と家の中間地点にあるコンビニの時計で8時を確認
家を7時50分には出る
朝のしたくを7時45までに終える
朝、決まった時間に起きる

2) 例「漢字の小テストで100点をとる」　を達成するには

正しく書けない、覚えられない漢字を、くり返し練習する
テスト形式で書いたものの答え合わせをして、書けなかった漢字をもう一度ドリルを見て確認し、正しい漢字を書く
テスト形式のように、読み方を見て、漢字を書いてみる
テストに出る漢字を大きく「とめ、はね、はらい」に注意して、5回ずつノートに書く
テストの範囲と日時を連絡帳にまちがえないように書く

3）例「友だちとケンカをしない」を達成するには

しつこくちょっかいをかけられたら、その場をはなれ、先生に相談してみる
しつこくちょっかいをかけられたら、落ち着いて相手に「やめて」と言う
ちょっかいをかけられたら、その場からはなれる
ケンカをしないで、過ごせる友だちのそばに行く
ケンカになりそうな友だちのそばには行かない

7 例

1）①× ②〇 ③△ ④× ⑤〇 ⑥〇 ⑦△

2）〇…①③（⑤）

3）記入例

あった。たくさん書くだけでは、覚えられないのだということがわかった。

8 陣取りゲームに挑戦！

陣取りゲームを通して、先読みする経験をします。

進め方

■ 始める前に
［用意するもの］

鉛筆、または色鉛筆、ペンなど。やり直ししてもいいことにするなら消しゴムで消せるものがよいでしょう。

方眼表が小さいのでB4やA3に拡大コピーするとよいでしょう。

■ ゲーム開始

陣取り表（方眼表）にパーツブロックを埋めていきます（埋めた印として、パーツブロックの形に色をぬる）。最後まで残らず埋めていけば、成功です。使ったことがわかるように、埋めたブロックは印をつけておくとよいことを教えます。1人でできますが、複数で人数分コピーして何ブロックまでいけるか、競ってもよいでしょう。また、時間を競ってもよいでしょう。2人組になって交互に埋めて、協力してやるやり方もできます。やりやすくするために、あらかじめパーツブロックを1つずつ切り分け、実際に陣取り表の上においていくのもよいです。

9 カード検索ゲームに挑戦！

物を探すときに、見つけやすい整理方法をカード検索ゲームを通して経験します。

進め方

■ 始める前に
［用意するもの］

・58、59ページをコピーして56枚に切り分けたカード（拡大してもよい）
・20センチ角程度（大きすぎない）のトレイ
・ストップウォッチ
・チャレンジ問題1）2）のワークシートのコピー

■ ゲーム準備

トレイの上に、56枚のカードを裏表上下も統一せずバラバラに混ぜた状態で置いておきます。カードが部分的に重なっていてもよく、できるだけ探しにくい状態にしておきます。

■ ゲーム開始

①チャレンジ問題1）をやります。カードが置いてあるトレイとチャレンジ問題1）のワークシートを裏返して渡します。「用意スタートで紙を表にして、できるだけ早く書いてあるカードを見つけて下に置いてください」と伝

え、「よーい、はじめ！」で計測をはじめます。全部置き終わったら、完成時間を記録します。

②カードの整理分類をします。「もう1回やります。見つけてもらうのは、今とは違うカードです。始める前に、今より早くカードを見つけるためには、カードをどのように置いたらいいか考えてみてください。5分、時間をとりますので、見つけやすい置き方を考えて、トレイの上を整理してください」と言ってトレイの上のカードを分類させます。チャレンジ問題1）のシートの「今よりもっと早く見つけるには、どうしたらいいでしょうか」の欄に、自分が考えた整理方法を書いてもらいます。整理分類時間は子どもによって調整します。

③チャレンジ問題2）をやります。チャレンジ問題2）のシートを裏返して渡します。1）と同様に「よーい、はじめ！」で計測をはじめ、完成時間を記録します。

④2回やってみた感想　チャレンジ問題2）のシートの下半分の欄に結果などを書いてもらいます。さらに、同じ模様ごとに分類することは、日常のどんな整理に役立つか（例えば、洋服や食器、文房具の整理など）を考えてもらうとよいでしょう。

10 場面にあった字を書こう

いつも、ていねいにやることが絶対いいのではなく、場面や時間など状況に応じて、作業を簡略化することの必要性を考えてもらうワークです。

解　答

例1）レベル3、2）レベル1、3）レベル2、4）レベル2、5）レベル3、6）レベル1

11 買い物も作戦が勝負！　（その1）

スーパーでの買い物は、何が、どの売り場にあるかということについて気にしながら、また1つのものだけを探して歩くのではなく、買う

べきものを複数、頭に置いて（あるいはメモに書いて）同時並行で探していかないといけません。できるだけ効率的にまわることを考えることは、見通しを立てたり、優先順位を考えるよい練習になります。複数のものを1人で買いに行った経験がない子どもの場合は、このワークをきっかけに実際に体験してみましょう。正解は、いくつも考えられますので、常識的におかしくなければ正解とします。なぜ、そのようにしたのか理由を聞いてみるとよいでしょう。

12 買い物も作戦が勝負！　（その2）

スーパーで買ったものを袋づめするとき、私たちは普通「大きさ」「壊れやすさ（にくさ）」「重さ」「においの有無」「温度」「持ちやすさ」など、いくつかの情報を踏まえておこなっています。まずせっかく買ったものが壊れたり、つぶれたりしないためには、どうやって袋づめするのがいいか考えてみます。その次に、より空間を効率よく使うかにもチャレンジしてみましょう。見た目がきれいだと、運びやすくなることも、実際に体験できるとよいでしょう。正解は、いくつも考えられますので、常識的におかしくなければ正解とします。なぜそのようにしたのか理由を聞いてみるとよいでしょう。

13 14 何からやるといいのかな？　（その1）（その2）

Aさんのエピソードを通して、宿題や家庭学習、好きなことをする時間など、自分の活動の全体を把握し、項目にそって活動を分類し、予定を立てる練習をします。

進め方 13

①子どもにワークシートを渡し、「Aさんについて」の情報を読んでもらいます。やることリストの項目が多くて、すぐにイメージしにくいようでしたら、日付順に並び替えて書き直してあげます。

②1）では、①〜⑤までの基準にそって（ア）

〜（ケ）を分類してもらいます。

解 答

例①今日中にやるべきこと：（ア）英語の宿題　②明日以降に持ちこしてもいいこと：（ケ）塾の数学の宿題　③定期的にやるとよいこと：（イ）筋力トレーニング、（キ）受験勉強　④ある期間まで続けてやること：（ウ）音楽の歌のテストの練習、（エ）お守り作り、（オ）社会の小テストの勉強　⑤人に相談にのってもらうといいこと：（エ）お守り作り　⑥自分が好きでやりたいこと：（カ）お笑い特番を見る、（ク）ゲーム
③書き込んだ後で、どうしてその分類にあてはまると思ったのか、理由を聞いてみましょう。

進め方 14

13で分類した結果から7月10日の行動の予定を立てます。立てた予定を見て、何を優先したのかを聞いてみましょう。応用として、7月10日にやらなかったことは、いつどのようにするのかなどを話しあうのもよいでしょう。

15 何からはじめ、どこまでやれるかな？

限られた時間の中で、目的にあった作業を完成させるための優先順位を考える問題です。この場合、時間内に収めるために色ぬりをどの程度でやめるかがポイントになります。

進め方

①ワークシートに書いてあるものを用意しておきます。
②やることを説明し、目的が理解できたところで、開始、計測し始めます。
③5分で作業をやめてもらいます。
④3）でふり返りをします。
※コピー用紙では、しおりとしては紙が薄いので、画用紙など少し厚めの紙にコピーしておこなうと実際のしおりとしては、使いやすいでしょう。

16 やるべきこと・見すごすこと

やるべきこと、やりたいことをやるためには、それ以外に、気を散らさないようにしないといけないことを、第三者のエピソードを通して意識してもらいます。

解 答

1）例 10、または11　①家に着き、玄関のカギを開けました。②久しぶりのコマまわしは、なかなかうまくいきません。10回、20回と続けるうちにやっと勢いよくまわり、たくろうさんの気持ちは満足しました。③冷蔵庫からお茶を出して飲みながら「まず、はじめに、理科の課題を済ませて、明日の国語の予習をして、6時に弟が帰って来る前に撮りためておいたDVDを見る。それからマンガを読むかな…ふふふ」と、これからの計画を立てました（ここは「飲む」と「計画を立てた」を別々に、かぞえてもよいでしょう。分けた場合、答えは11になります）。④ベランダの洗たく物を急いで取り込みました。⑤たわしを探し出して、じっくりていねいに虫かごを洗いました。⑥パソコンに向かいスイッチを入れました。⑦玄関にかばんを取りに行き、⑧さっきのコマを、また少しまわしてみました。⑨「ああどうも」とあいさつをして受け取りました。⑩じっくり見ていると。

2）例
1位　①家に着き、玄関のカギを開けました。
2位　③これからの計画を立てました。
3位　④ベランダの洗たく物を急いで取り込みました。（2位と3位は反対でもよいでしょう）
4位　⑥パソコンに向かいスイッチを入れました。
5位　⑦玄関にかばんを取りに行き
6位　⑨「あぁ、どうも」とあいさつをして受け取りました。

ここまでの優先順位は考え方によって違ってくるでしょうから、選んだ理由を聞いて適切な理由であれば、よしとします。

7位～10位　②久しぶりのコマ回し、⑤虫かご
を洗いました。⑧さっきのコマを、また少しま
わしてみました。⑩じっくり見ていると、

　これらは、今はしなくてもよいことですので、
順位はどれでもいいでしょう。よって、順番は
つけられない、というようでしたら、それでも
よいでしょう。

3）例 ②⑤⑧⑩

4）例 帰宅後の2時間の時間配分を考えてもらい
ます。宿題や予習の分量や難度が詳しく書かれ
ていませんが、見たいDVDやマンガのために
何時までに終わらせることをめざすか、その時
間に終わりそうもない時はどうするか、（DVD
は諦める、一度勉強はやめて親に相談するな
ど）たくろうさんが、気が散らないためには
どうしたらいいかなど（下校中にやるべきこ
とを、つぶやきながら歩いて帰る、帰ったら
すぐにやることリストを書くなど）を考えて
もらいましょう。

🔟 やりたいこと・やれること・やらなくてはい けないこと（海外旅行にて）

　やりたいこと、時間、お金といった複数の条
件の中から、計画を立てる問題です。何を優先
して考えるかは、その人次第ですが、早朝立つ
ことを考えると、⑤荷物をスーツケースにだい
たい入れておくこと、は必ず選べるとよいです
ね。実現可能な予定を、迷い過ぎず、ある程度
の時間内で決められればよいでしょう。①の世
界遺産見学は、昼食の移動や荷物整理の時間を
考えると無理になります。

解　答

例 A案：⑦ミニチュア教室→④ショッピングセ
ンター→⑤荷物　4時間＋2時間＋30分＋30
分＝7時間　150POM＋昼食とおみやげで
150POMまで使える。

理由：①が一番やりたいことだが、時間的に無
理で、⑦は、日本にいるときから気になって
いたから。そして、これならおみやげを買う時

もとれるので。

B案：④ショッピングセンター→②美術館→⑤
荷物　2～3時間＋1時間30分＋30分＋30分
＝4時間30分～5時間30分　美術館代と交通費
（40POM＋40POM）を残して、昼食とおみやげ
で220POMまで使える。荷物整理後、まだ時間
に余裕があり元気だったら、集合時間まで公園
散策。

理由：まず、おみやげを買っておくのがいい。そ
の後、近くの美術館に行くと時間的にもよいか
ら。

🔟 博学検定試験をクリアするには

　問題全体を見て自分が早く確実に答えられそ
うな問題から取り組む練習です。合格点は、70
点なので、確実に取れるレベルで合格点を取る
のが賢明ですが、自信があればまずレベル4で
40点を取り、レベル1をやってから、じっくり
レベル3の計算をするなどの方法を考えます。
［用意するもの］ストップウォッチ

解　答

3）例 （ア）レベル4：リオデジャネイロ　（イ）
レベル5：イグアスの滝、ヴィクトリアの滝、
ナイアガラの滝　（ウ）レベル3：45　（エ）
レベル1：国語、算数、数学、理科、社会、英語、
音楽、体育、美術、図工などから5つ　（オ）
レベル2：東京

🔟 ほかほかキッチンを繁盛させよう！

　カロリー、栄養バランス、好みといった複数
の条件の中から、魅力的なお弁当を考える問題
です。17と同じように多くの情報から、より優
先すべきことを考えるとともに、他の要素にも
注目することが求められます。カロリー計算の
ために電卓を用意してください。おかずを切り
取って、まずお弁当箱においてから、最終的に
はるとよいでしょう。選んだ理由を聞いて、複
数の視点の必要性を確認しましょう。

　栄養バランスに関しては、あまり厳密すぎず、

肉・魚と野菜・果物のバランスや、調理法のバランス（揚げ物ばかりにしないなど）を考える程度でよしとします。解答例のように同じものを複数入れることもあるでしょうから、おかずのワークシートは複数枚コピーするとよいでしょう。また、そのまま描きいれてもよいでしょう。

［用意するもの］
電卓、はさみ、のり、（色鉛筆）

解　答

1）例 食べ盛り体育会系高校男子弁当おかず（500キロカロリー）　から揚げ3こ（210）＋ポテトサラダ（80）＋ブロッコリー2切（5）＋ピーマン肉づめ（80）＋なすみそ（70）＋ミニトマト2こ（10）＋切りぼし大根（40）合計495キロカロリー　アピールポイント：みんなが大好きなから揚げにピーマンに肉づめを入れて、パワーアップ。加えてなすみそや切りぼし大根など、味や調理法に変化をつけ、トマトやブロッコリーで彩りも考えました！

2）例 20代女性が喜ぶワクワク弁当おかず（320キロカロリー）　エビフライ（60）＋肉団子（40）＋豆腐ハンバーグ（40）＋大学いも（40）＋れんこん（40）＋ブロッコリー2切（5）＋なすみそ（70）＋ミニトマト2こ（10）＋オレンジ（10）　合計315キロカロリー　アピールポイント：いろんなものを少しずつつめました。魚（エビ）、肉、豆腐、野菜、果物とバランスを考えました！

3）例 お年寄りにやさしい、さっぱり弁当おかず（340キロカロリー）　豆腐ハンバーグ（40）＋鮭（50）＋卵焼き（30）＋ピーマン肉づめ（80）＋切りぼし大根（40）＋キウイ（30）＋なすみそ（70）合計340キロカロリー　アピールポイント：揚げ物をなくし、あっさりと食べやすいものを選びました。でも肉、魚、野菜、果物のバランスと彩りは、バッチリです！

20 部活続ける、やめる？

　部活動は、必須の学校もあるようですが、希望制の学校が多いかと思います。一度、入った部活をやめたり、部を変わったりするには、いろいろなことに心を配ることが必要です。例えば、自分の生活のさまざまなことと部活を比べたとき、何が大切なことなのか（優先順位を考える）、やめるとしたら自分のやりたいことは何かで代替できるのか（柔軟に変更する）、また、だれに話をするのか（ＳＯＳを出す）などです。これらのアイテムをうまく使ってつらい気持ちで身動きが取れなくならないようにしましょう。

　1）はその子なりの考えが書ければよいです。2）の例として家で描く、地域のアトリエ教室などに参加する、ネットに投稿するなどが考えられます。

21 自分に何が合うのかな（もしもバイトをするなら）

　高校生になると、バイトをする人もいます。自分に合った業種や仕事内容のバイトを経験できると将来のために役に立つことでしょう。バイト選びには、検討する事柄がいろいろとあることを選択肢を見ながら考えます。すぐにバイトをしたいと思っていなくても、「仕事」をする上での自分なりの優先順位を考えたり、適正（自己理解）について、考える経験としましょう。

22 自分に何が合うのかな（球技大会）

　中学や高校の多くの学校で、球技大会（スポーツ大会）がおこなわれていますね。運動や集団行動が苦手な子どもの場合は、団体競技という点で責任を感じ負担に思うことも少なくないようです。そんな子どもに対して、より負担のない選択ができるよう、過去の経験やさまざまな情報を踏まえた判断をするためのワークです。どの競技に出場するかは、相談して決めることが多いので、その場にいきなり臨んで混乱することがないように事前に取り組めるとよいでしょう。また、このワークを通じて、その他の行事などの役割でも比較検討し、見通しをもっておくと参加しやすいと感じられるとよい

25

でしょう。

23 24 話し合いのコツ（その１）（その２）

　限られた時間内で、建設的な話し合いをおこなうためには、どうすればいいかを考えます。

解　答

（その１）

１）③

２）例　場面１：「自分の行きたいところを主張するだけで、他の人の意見を聞こうとしていないから」　場面２：「自分の立場だけを一方的に言うので、相手はいやな気持ちになってしまうから。そば以外のものがメニューにあるかなど、確認できるとよい」

３）例　お互いが歩みよれるような話し合いをする。

（その２）　実際に話し合いの場面を体験して、ふり返ってみましょう。話し合いのテーマについては架空のものでもよいでしょう。

25 時間逆算計算の達人になろう

　時間の逆算計算や、ぴったりの時間で動くのではなく、５分程度は余裕をもつことを練習します。

解　答

１）計算：４時30分－20分＝４時10分

　　答え：４時10分

　　注意ポイント例：スムーズに自転車をこいで20分かかるのであれば、余裕をもって４時５分ごろには家を出るとよい。

２）計算：５時－15分＝４時45分

　　答え：４時45分

　　注意ポイント例：〇〇時までに、というお願いは、それ以前であれば何時でもよいから、忘れないためにも、やれる時にできるだけ早くやるとよい。

３）計算：７時－30分－10分＝６時20分

　　答え：６時20分

　　注意ポイント例：出かける時間が決まっている

場合には、余裕をもっておきたいものです。宿題は、直前ではなく、やれる時にできるだけ早くやるとよい。

４）計算：２時－20分－30分－15分＝12時55分

　　答え：12時55分

　　注意ポイント例：余裕をもたせたら12時45分くらい、または、もっと余裕をもって12時に出すのもよい。また、優先順位を考えて、もしツリーが飾り終えなくても帰ってきてから、続きができる。30分以上かかるということは、１時間かもしれない。その時は、友だちとの約束の時間を優先して、一旦中断して１時45分には家を出ることが大切。

26 すばやく準備しよう

　「準備する」とはどういうことかを考え、すばやく実行する練習のワークです。

進め方

■ 始める前に

　［用意するもの］①〜⑥とその他の教科書、ノート、文房具などを部屋の棚などにバラバラにおいておきます。①〜⑥をあえて不要なファイルや紙くずなどで見つかりにくくしておくと、整理の練習としてよいでしょう。鉛筆は削らないでおきます。計測用ストップウォッチ

開始１）１回目「はじめ」の指示で１回目をおこないます。①〜⑥を机の上に（または、かばんの中に）そろえます。鉛筆が、とがっていなかったら削るように、シャーペンの芯があるかを確認してもらいます。全部がそろった時間を記録します。２回目をやる前に①〜⑥をまた、棚に戻します。

２）整理タイム　「もう１回やります。今度は、別のものを早く準備してもらいますので、どうしたら早く用意ができるか、これから10分間で整理してください」

　　整理の例：教科書やノート、ファイルは教科ごとにまとめて決まった置き場所に置く、文房

具はまとめておく、ごみは捨てるなど。ワークシートの2回目の①〜⑥の欄に指導者が用意するものを書き入れ、1回目より整理された状態で準備ができたら、また「はじめ」の合図で2回目をおこない、時間を記録します。わかりやすく分類したり、整えておくと作業がスムーズになることを実感してもらいます。

27 スケジュール管理アイデア 「優先順位スケジュールボード」制作

時間管理のためのスケジュールボードを、実際に作成します。ワークシートにある材料を用意し、作り方に沿ってボードを完成させます。せっかく作ったものですので使いこなせるように定期的に点検できるとよいでしょう。ホワイトボードや磁石シートは、100円ショップで購入できます。

28 どっちが見やすい？

情報を得やすい資料は、どんなものかパッケージ作りを通して考えるワークです。

解 答

1) A
2) 例 商品が何であるか一目でわかる。インパクトがある。文字だけでなく、絵があるとイメージしやすい。賞味期限、材料など、必要な情報が過不足なく整理されて書かれている。
3) 2)の観点が盛り込まれているかを確認しましょう。

29 心地よい部屋づくりシミュレーション

自分の部屋の見取り図を作り、部屋の実態を把握します。その後、やるべきことを、やりやすくしたり、快適に過ごせるように家具の配置を工夫します。
[用意するもの] はさみ、のり

進め方

1) ワークシートを渡し、「家具①」を切り取ってもらいます。「部屋にある物」には、白紙の中に例えば、「ぬいぐるみ」「サッカーボール」などの文字や絵を書き込んでから、切り取ってもらいます。ワークシートの「部屋の見取り図」に、自分の部屋の配置を思い出し、のりではります。写真にとっておいて確認しながらおこなってもよいでしょう。

2) 今の自分の部屋で満足しているところや、不満などについて、表に記入した後に、話し合います。

3) 「家具②」を切り取り、「理想の部屋」にのりではります。「理想の部屋」を見ながら、何を、どのようにすると快適になるかを話してもらいます。

応 用

● 自分の部屋の実態の把握は、切りはりの作業負担を減らすために、部屋の写真を撮ってきてもらったものを活用してもよいですし、絵が得意な子どもの場合は、直接用紙に描いてもよいでしょう。

● インターネットや100円ショップなどで、収納グッズや座布団やクッションなどを調べたり、見に行ったりして、自分が使いやすい物、扱いにくい物について話し合って考えるのもよいでしょう。

30 心地よい街づくりシミュレーション

家の周辺にある建物などを思い出し、勉強に適した場所やリラックスすることができそうな場所、楽しみを得ることができる場所があるか

確認したり、再発見します。

[用意するもの] はさみ、のり

進め方

1）子どもにワークシートを渡し、「わたしの街」の中央に自分の家、そしてまわりの道を描いてもらいます。

　「建物・施設①」を切り取ってもらいます。その他の建物や施設がある場合は、白紙の中に例えば、「郵便局」などの文字や絵を書き込んでから切り取ってもらうか、直接「わたしの街」の中に書き込んでもらいます。（＊子どもが道を描いたりすることが難しい場合は、保護者や指導者が書いたり、パソコンから自宅周辺地図をダウンロードしてください）。

　それぞれの建物の場所を思い出し、のりではります。

　次に、どの場所からどの場所まで徒歩か車で何分くらいか書き込みをし、かかる時間を把握します。

2）今の自分の街で満足しているところや、不満などについて話し合ったり、今まで利用していなかったけれど、今後、行ってみようと思う場所を見つけて記入します。

3）「建物・施設②」を切り取り、「理想の街」にのりではります。ここに書いていなくてあったらいいと思う他の建物や施設がある場合は、1）と同じように書き込みます。

　「理想の街」を見ながら、何がどのように理想的なのか話してもらいます。

応　用

●今までに行ったことのある快適な場所などについて話すのもよいでしょう。

31 捨てる、捨てないの判断基準

　部屋を整理するためにはタイミングよく物を捨てることが大切です。すぐ捨てたほうがいいもの、物の劣化で捨てたほうがいいもの、一定の期間で捨てたほうがいいもの、大事にとっておくものなどの違いを意識するワークです。例題以下は、子どもの実態に合わせて物を書き入れてください。以下に記入例を示します。

解　答

1）例 書き終わった国語のノート／中学を卒業したら／捨てる

　筆箱／破れたり割れたら／捨てて買い替える

2）例 飲みかけのペットボトル／冷蔵庫に入れて2・3日中に／飲みほす

32 外出先に合わせた移動手段

移動手段	長所	短所
徒歩	特別なものが必要ない　渋滞はない　無料	距離や季節によっては疲れる 時間がかかる
自転車	徒歩より早い　渋滞はない　無料	駐輪場所が必要、坂道は辛い、管理（タイヤの空気補充など）が必要 雨天は大変
車（送ってもらう）	徒歩や自転車よりも早い　天気の影響も受けにくい　座っているだけで楽	送ってもらう人に迷惑がかかる 渋滞した場合、時間が読めない
バス	手軽に早く移動することが可能 有料だがタクシーより安い	路線によっては本数が少ない 有料　目的地とバス停との距離が遠いこともある 渋滞した場合、時間が読めない
電車	手軽に早く長距離の移動が可能 時間通りのことが多い	路線によっては、乗換などが複雑なこともある　有料
タクシー	目的地まで早く最短の距離で、すぐそばまで行くことができる　座っているだけで楽	費用が高い　すぐに乗れるとは限らない　渋滞した場合、時間が読めない

パン/賞味期限が切れたら/捨てる

3）例 トレーナー/汚れが目立ったりボロボロに
　なったら/捨てる

　コート/小さくなって、まだきれいだったら
　/リサイクルに出す

4）例 マンガの単行本/読み飽きたら/古本屋に
　出す

　レアカード/ずっと/とっておく

5）例 大会で入賞したメダル/壁に飾ってとって
　おく

　おじいちゃんにもらった誕生日カード/引き
　出しに入れてとっておく

32 外出先に合わせた移動手段

　さまざまな移動手段の特徴を知り、状況に合
わせて移動手段を選択する練習をおこないます。
解答例としては以下の通りです。

1）例 28ページ下表参照

　グループでおこない、それぞれの意見を確認
し合うのもよいでしょう。

2）いくつか考えられますが例として示します。

①移動手段：徒歩　理由：天気がよいので、散
　歩気分で行くのも楽しそう

②移動手段：自転車　理由：暑いので歩くのは
　つらいから

③移動手段：車　理由：待ち合わせに遅れない
　ことが一番だから（一応、友だちに連絡して
　おくことは大事）

④移動手段：徒歩　理由：待ち合わせもしてい

ないので探検気分で歩いてみたい

⑤移動手段：バス（友だちと相談する）　理由：
　10分くらいなら安いほうがいいと思う。友だ
　ちにも聞く

33 在庫チェックをしてみよう

　文房具などの消耗品の残り具合を確認し、必
要なときになくて困ることがないよう、事前に
点検する習慣がつくようにします。点検後、買
う必要があるものは、いつどこでだれが買うの
かを書き、さらに、次回の在庫チェックに備え
ます。⑦、⑧については、子どもがよく使うも
のを書き入れてください。

[用意するもの] 在庫チェックするもの

34 SOSは、いつ出すの？

解　答

1）例 ①（下表参照）

②すぐだと考えてないと思われてしまう。2日目
　の朝くらいだと、よく考える時間もとれるし、
　一旦は、考えてたけれど、自分には難しいとわ
　かってもらえるし、また、アドバイスをもらっ
　て取り組むこともできる。余裕があるタイミン
　グだから。

③（下表参照）

※子どもによっては、まず家族に相談する場合も
　あるでしょう。

④相談しやすいから。事情がよくわかっている同
　じ班の子だと話もすすめやすいですが、話しに

34 SOSはいつ出すの？①

担当が決まってすぐ	その日の放課後	2日目の朝	期日前日の朝	提出のとき
△早すぎると考えていないように思われます。	○考えてはみたけれど、と言って困っていることを伝えましょう。	◎よく考えたけれど、と言って困っていることを伝えましょう。	×遅すぎます。みんなカバーできません。	×遅すぎます。迷惑をかけてしまいます。

③

他の班のしおり担当の子	同じ班の違う担当の子	一番話しやすい友だち	先生	家族
4	3	2	1	5（1）

くかったらまず、先生に相談するのがいいかもしれません。その次は、話しやすい友だちに相談してみるのも方法です。

⑤先生に言う場合：『イラスト担当になって、いろいろ考えてみたのですが、よいアイデアが浮かばず、やれる自信がなく困っています。どうしたらいいでしょうか？』

友だちに言う場合：『イラスト担当になって、いろいろ考えてみたけど、いいアイデアが浮かばないんだ。どうしたらいいかな？』

２）の実践編では自分の生活場面のエピソードを記入します。

35 みんながだれかを頼っている

このワークでは、「難しいことを手伝ってもらうことは、だれにでもあること」だと感じるために、身近な大人にインタビューします。グループでおこなって、お互いに紹介するのもいいでしょう。また、1人で何人かの人にインタビューしてみるのもよいでしょう。インタビューをお願いする人には、事前に、その子どもがイメージしやすい具体的なエピソードを、話してもらえるように頼んでおくとよいです。

解答

３）例 ●その人の大切な時間を、自分のためにさいてくれたから、それに対してのお礼。

●またいつか助けてもらう必要があるかもしれないから。そのときは、よろしくお願いします。という思いを込めるなど。

36 忘れない工夫

メモをとる練習、メモがないときの覚え方を体験します。

進め方

■ 始める前に
［用意するもの］メモ用の紙と筆記用具、読み上げ文

開始１）読み上げ文を聞きながらメモをとること。その後、５つの質問に口頭で答えてもらうことを伝えてから、以下の文を読みます。

［読み上げ文］

理科の実験レポートの提出日ですが、来週の火曜日の昼休みまでとします。教科書73ページの実験を参考にして、図や絵も載せてください。データは、みんながおこなった実験の結果を見て、まとめるように。提出は一人ずつ持ってこないで、理科係が集めて、職員室まで持ってきてください。質問や困ったことがある人、実験のときに休んでしまった人は、今週中に相談に来てください。

質問１：何についての話でしたか
答　：理科の実験レポートの提出について
質問２：レポートの期限はいつですか
答　：来週の火曜日の昼休み
質問３：何を参考にして、しあげますか
答　：教科書73ページの実験
質問４：データは何を使いますか
答　：自分たちがおこなった実験の結果
質問５：提出は一人ずつしますか
答　：理科係が集める

答え合わせをした後、メモの取り方のよかった点や改善点を考えて書きます。メモは、言ったことすべてではなく頭文字のように、例えば、「火、ひる」のように短く書くとよいなどが、確認できるとよいでしょう。

２）メモが取れない場合の工夫について確認し、次の読み上げ文はメモを取らないで聞き、その後、５つの質問に口頭で答えてもらうことを伝えてから、以下の文を読みます。やってみた後、メモがないと覚えておくことが難しかった子には、メモの大切さを再認識してもらいます。

[読み上げ文]

　次回の電車サークルは、来月の３日、日曜日午前10時からこの教室でおこないます。

　特別な持ち物は、お気に入りの電車のDVDか、自分で撮ったビデオや写真などです。その他の持ち物は、いつも通りです。お休みの人は電話で知らせてください。

質問１：何についての話でしたか
　答　：次回の電車サークル
質問２：いつ、おこないますか
　答　：来月３日日曜日午前10時
質問３：特別な持ち物はなんですか
　答　：お気に入りの電車のDVDか自分で
　　　　撮ったビデオや写真
質問４：その他の持ち物はなんですか
　答　：いつも通り
質問５：休む人はどうしたらいいですか
　答　：電話で知らせる

▨ 自分に合ったメモの取り方

　はじめに、いろいろなメモの取り方を知り、その後、自分に向いているメモの取り方を考えます。自分に向いているメモの取り方がわかったら、実践し、ふり返る機会をもちます。

▨ 覚えにくいこと・忘れてしまうことへの　対処法

　覚えにくいことや、ついうっかり忘れてしまうことへの対処法を練習します。まず、自分にとって覚えにくいことや忘れてしまうことは、何かを意識し忘れてしまうとどんなデメリットがあるか、覚えることでどんなメリットがあるかを考えます。その後、自分に合いそうな対処法を選んで実践してみます。書いていないことでオリジナルの方法があれば⑩に書いて取り組んでみてください。

▨ 順番を考えよう　その１　（調理編）

　調理の話を通して、段取りについて考えるワークです。

　　解　答

1)「あっ！　野菜を切るの忘れてた〜」
　ピーラーが壊れてしまったことを思い出しました。
　「あっ！　ルーがない」
　また、スーパーに走りました。
　「あっ！　ご飯たくの忘れてた！」
2) 例 調理を始める前に、必要な材料や道具がそろっているか、確認するといい。切るものは、先に全部切っておくとあわてなくてすむ。応用編として、ご飯をたき忘れたときのために、冷凍しておくと、いざというときに便利など。

▨ 順番を考えよう　その２（工作編）

　カード作りを実際にすることで、段取りについて考え体験してもらいます。
［用意するもの］
1) と2) のものになります。

　　解　答

1) 色画用紙
2) はさみ・定規・のり・色鉛筆
3) 1：台紙を切り取る。2：台紙を半分に折って、印のところから縦に３センチ切り目を入れる。3：台紙を開いて、内側に四角が飛び出すように折り目を入れる。4：星かハートの用紙を切り取って、メッセージを書く。5：メッセージカードを内側の四角にはりつける。

▨ 気をつけるべきことは何かな？

　状況絵を見て、行動を確認することの体験をします。

　　解　答

1) 机の上の整理、持ち帰りの袋を手に持つ、ロッカーの脇の置きがさ３本手に持つ
2) 机の上のものをしまう、周りを見てのびをする

31

42 計画変更！

自分の予定していた通りにいかないときの妥協案を見つける練習をします。

1）選択肢を選び、理由を書き込んでもらいます。どれを選んでもまちがいではないので、理由を具体的に考えられればよしとします。

2）選択肢以外の計画変更のアイデアを考えてもらいます。すぐに思いつかないようでしたら、冷蔵庫の中身を参考にするように言ったり、ヒントを出します。

解　答

だしがあればけんちん汁にする。母に電話して相談する。インターネットなどでレシピを調べるなど。

応　用

例えば、カラオケをしようとしたが、混んでいて1時間待ちの状態ならどうするかなど、子どもが遭遇しそうな外出先での予定変更について考えてみるのもよいでしょう。

43 これがないとき、何で代用する？　（その1）

あると思っていたものがないときに、今あるもので代用できないかを考えます。発想の転換の練習になります。選択肢以外にも、代用できるものがあるか、考えてもらってもいいでしょう。

解　答

1）例（ア）または（イ）定規：紙に折り目をつけ、折り目に沿って定規をあてて紙を切る。

2）例（エ）プリント類：プリントの空いているスペースを使ってメモを取る。（ア）（ウ）でも同様。

3）例（イ）ティッシュ：ティッシュをテーブルに敷く。

44 これがないとき、何で代用する？　（その2）

解　答

1）例 割りばしを持っている友だちがいたら、1本もらって折って2本にして使う。会場の学校の生徒にわりばしをもらえるか聞く。近くのコンビニに行ってよければ、1つ買い物してわりばしをもらう。ごはんは、おにぎりにして食べ、おかずはつまんで食べるなど。

2）例 携帯があれば写真で撮る。鉛筆など、書くものはあるならかばんの中の書ける紙を見つけて書く。または、手に書く。近くに知り合いがいれば書くものなどを借りる。忘れないように、ごろ合わせなどを考えて覚える。諦めてまた来る。家でインターネットで調べるなど。

3）例 ティッシュ、ハンカチ、タオルなどで代用する。それらもなければ、知り合いを見つけて、もらう。なめておく。急いで登校して保健室に行くなど。

4）例 しばらく雨宿りをして待ってみる。タオル、かばん、上着などを頭の上に置き、かさ代わりにして走って帰る。とりあえず学校に行き、置きがさを借りるなど。

45 緊急事態に対処せよ！

緊急時などや物事が予定通り進まないときに、落ち着いて柔軟に対処する練習をします。子どもによって、さまざまな解答パターンが考えられますので、グループでおこなう場合は、それぞれの対処法を発表し合うようにしてもよいでしょう。

解　答

1）例（ウ）駅員さんに確認する：まず、状況を確認する必要があると思うから。その後、（イ）（ア）をする。

2）例（ア）がまんして走る：おなかが痛いくらいなら、がまんができそうだから。

3）例（イ）ビニール袋などで、手首をカバーする：お風呂には入りたいし、濡れないように気を

つければ大丈夫だと思うから。

4）例（ア）乾いていないが運動ぐつを持っていく：今は、乾いてないが、くつの中に、新聞紙を入れておけば体育の時間までには乾くかもしれないから。

※そのほかの答えでも、適切な説明ができればよしとします。

46 未来を変えるには？

　困った事態にならないためには、どうしたらいいか先を見通す練習をします。

■ 解　答

1）① (D)　② (C)　③ (A)　④ (B)

2）例

①カバンの中に入れる。パスケースをつける。

②消しゴムが落ちたら、すぐに拾う。または、試験官の先生に言う。落ちたことに気づかない場合もあるので、消しゴムの置き場所を決めておき、なかったら足元を探して見つける。

③野菜、肉、お菓子、飲み物、乳製品、調味料などカテゴリーで分けてメモをする。

④「貸して」「見せて」と言って借りる。

47 想定内練習をしよう

　「想定内練習」ということばを使って、先を見通す練習をします。

■ 解　答

1）例

あ：帰宅予定時間を過ぎて帰宅する。親に遅くなった理由を話す。携帯があれば3コマ目で、親に事情を連絡するといいでしょう。

い：習い事のところまで取りに戻る。携帯があれば親に事情を連絡する。

う：帰宅予定時間を過ぎて帰宅する。親に遅くなった理由を話す。

え：あきらめて予定通り帰る。携帯があれば習い事の先生に連絡して忘れ物をしたことを伝え、預かってもらうようお願いする。

お：予定通り帰宅。習い事の先生に電話をして忘れものをしたことを伝える。

2）例

か：遊んだり・好きなことをする。

き：友だちと遊び、後で残りの宿題をする。

く：今は宿題をやる時間だと、思い直し、ビデオに録画して、宿題をやり始める。

け：少し開始が遅れたが、宿題は予定の時間で終わった。

こ：最後まで見てしまった。

さ：遅く始めた分、終わるのが遅くなり、夜寝る時間が遅くなり、次の日は一日中ぼんやりする。先生から注意されることが多くなる。

48 失敗対処法（その1）

　失敗をくり返さないために、気をつけることを考えます。問題をやる前や後に、似たような経験があるかなど、話題にするといいでしょう。また、解答例は、「対処法」と同じ失敗をしないための「改善案」があります。「対処法」と「改善案」とで分けて意見を出し合うと整理しやすいでしょう。

■ 解　答

1）例

・時間について①：家を出る時間から逆算して準備を始める。

・時間について②：待ち合わせの相手がいるときは、余裕をもった時間に家を出る。

・連絡について：遅れるとわかった時点で、連絡する。

2）例

・事前に確認しておくとよいことは：その場のマナー、服装など。

・その場で気づいたら：「こんなかっこうで、すみません」と伝える。周囲の人にそっと伝えて着替えに帰る。その他、制服でいったほうがよい場所や時（例えば、お葬式など）を話しておくのもよいでしょう。

3）例

・体調の悪いときは：無理しないように活動を休んだり、休けいを取り入れて参加する。
・イライラしていても：乱暴な行動やことばはがまんする。

49 失敗対処法（その2）

失敗をくり返さないために、気をつけることを考えます。問題をやる前や後に、似たような経験があるかなど、話題にするといいでしょう。また、解答例は、「対処法」と同じ失敗をしないための「改善案」があります。「対処法」と「改善案」とで分けて意見を出し合うと整理しやすいでしょう。

解 答

1）例
・怒られて嫌な気分でも：言い訳せずに謝る。
・忘れた書類は：家に取りに帰るなどして、できるだけ早く出す。
・期限を忘れないように：手帳やカレンダーに日にちを書いておく。

2）例
・後からでもいいので：素直に謝る。
・もし許してくれなくても：そのことに対して怒らない。
・話すときには口に出す前に：相手の気持ちを考えて話す習慣をつける。

3）例
・先生と他の子に：迷惑をかけたことを謝る。
・他の子の仕事を：代わりにやるように提案する。
・国語係の仕事を忘れないように：時間割や連絡帳などに、しるしを書く。

50 51 2分間やり続けよう （その1）（その2）

気持ちを落ち着かせて単純作業をやり続けること、また工夫すると時間短縮できることを体験するワークです。

（その1）ストップウォッチを用意し、2分間左から右に書いていきます。

（その2）をやる前に、時間短縮できる作戦を考えます。10ずつのマスになっているので、縦に一番左の列は5、4、3、2、1、0。5、4、3、2、1、0。2番目の列は0、0、0、0、と書いていくなどの工夫の仕方を考えてもらい、（その2）のワークシートの下に作戦名を書き、2回目を始めます。書けた量が増えたら作戦成功です。日常でも覚える必要はなく、早く確実にできることが大切な作業（ファイリングや物の収納など）では、1つずつ完成させるより、作業をまとめてやるほうが効率がよいなどの工夫方法を話し合えるとよいでしょう。

2回目で記録が更新できなかったら、もう一度改善ポイントを考えて3回目をチャレンジするのもよいです。

52 自分にあった続け方は？

作業を確実に完成させるための休けい時間の取り方のいろいろなパターンを知り、自分に合うものを考えてから、体験してみます。

進め方

■ 始める前に
［用意するもの］ 厚紙、定規、はさみ、のり、色鉛筆、ストップウォッチ（タイマー）

1）ワークシートを渡し、神経衰弱ゲームをするためのカードのつくり方を伝えます。進め方のパターン1〜3を確認し、どのやり方にするか選んでもらいます。

2）選んだパターンにそって、子どもに作業をおこなってもらいます。活動の切れ目ごとにストップウォッチをならし、次の作業に移らせます。

3）カードづくりが終了した後に、選んだ計画が自分にあっていたかどうか評価してもらい、理由を書きます。

すぐに神経衰弱をする場合は、10枚だけでは

少ないので、事前に、指導者が10枚程度カードを作成しておきます。学校の宿題をするときの時間計画は、自分はパターン1～3のどれが向いているかなどについて話し合ってもよいでしょう。

53 ごほうび換算表を作ろう

何かをやりとげるための動機づけとして、ごほうび換算表を作ります。宣言して、他者にも伝えることで、やる気をキープさせましょう。フトゥーロへの送信も活用してください。エールの受け付けは2020年3月末までとさせていただきます。

54 やる気スイッチを探せ！ その1（時間VS自分）

1）やる気を引きおこす力を「ブラックエンジン」と「ホワイトエンジン」に二分して、モチベーションの維持の仕方を知ります。

2）をおこなうときに子どもが、活動自体が思い浮かばないようなら、好きなことと嫌いなことは何か（例：「美術の絵を描くこと」や「料理をする」）と聞いて促しましょう。

3）Aさんの情報を読み、制限時間を何分間にするのか、指導者と相談して決めます。モチベーションの維持を体験するワークなので、子どもが達成できそうな制限時間を設定するように促します。あまりにも実現不可能な時間設定をしたら、他の紙に別の5文字書いてもらい、計測し25文字の制限時間を考えてもらいます。そして、漢字の書き取りを時間と戦うゲームに見立てて、おこなってもらいます。スタートの合図で時間を計測します。制限時間がきたら、結果がどうだったかWINかLOSEのところを○で囲むように伝えます。（※参考サイト　モチベーションアップの法則）

子どもの特性や状況に応じて、課題を数学の計算問題にしたり、工作にしたりなどの工夫をして、おこなってもよいでしょう。

55 やる気スイッチを探せ！ その2（機嫌直し処方せん）

その人ごとにあったモチベーションを維持する方法を知るワークです。

A～Cさんの情報を把握してもらいます。下の気分転換のための活動の選択肢を読んでもらい確認します。A～Cさんのそれぞれの情報に合わせて、気分転換ができそうな活動を選択肢の中から選び、カプセルの中に番号を書きこんでもらいます。複数の番号を書きこんでもかまいません。

解　答

例・Aさん：今すぐやるなら⑥⑧⑩⑪　後からやるなら②
・Bさん：今すぐやるなら⑤⑥⑧　後からやるなら①
・Cさん：今すぐやるなら①④⑧⑩⑪⑫

これまで、A～Cさんのような状況に自分がなったことがあるか、その場合は、どうやって気分転換したかなどについて話し合ってもよいでしょう。

56 さまざまな気持ちのコントロール法

気分転換の方法を実際にやってみて自分に合った方法を見つけます。日常的に継続してやれるように手帳に書いておいたり、ポスターにしてはっておくのもよいでしょう。

57 それぞれの合格ライン

モチベーションや意欲を低下させない目標の立て方を考えるワークです。

1）A～Cさんの目標と結果の点数の表とコメントを読み、確認します。結果とコメントから目標点がやる気を持続するのに妥当だったかどうかについて、「高すぎた」「ちょうどよかった」「低すぎた」のいずれか表の中に書きます。

35

2）目標点数と結果とコメントから、やる気が続く目標を立てるのに大切なポイントを選択肢の中から選びます。最後に、子どもに選んだ理由を話してもらったり、やる気を持続さ

せるのに自分の現状にあった目標を選ぶ大切さを伝え、実際に2）で考えたことを参考にして、今度のテストで何点をめざすかなど、実際の目標を立ててみましょう。

●•• 2-4　4章　解説・解答

4月●1年間のおおよその計画を立て、大切なことはメモをとる習慣をつけよう

［用意するもの］

本人が決めた手帳やノート、その他

［ステップ1］［ステップ2］

　1年間のおおよその予定を見通し、記入する方法を知ります。

［ステップ3］［ステップ4］

　忘れないように見直し、予定を追加する方法を考えます。

［ステップ5］

　実践し、ふり返りをします。

　実際に、1年間使うノートや手帳を用意しておこないましょう。ていねいにやり過ぎると、長続きしませんので、あらかじめ作業時間を決めて、その時間内に終えることを意識させるのもよいでしょう。2週間のふり返りだけではなく、毎月の学校予定が配られるでしょうから、その時ごととか、学期ごとにふり返り、継続することが大切です。

例）おこなった人の感想

・今まで、レポートを書いても、かばんに入れっぱなしで出すのを忘れることが多かったが、朝、学校に着いてメモを確認して、「あっ」と気づき、忘れることがなくなった。

・夜、次の日の予定を確認し、朝起きてから段取りよく動けるようになった。例えば、夕方から習い事に行く日だから、習い事で使う用具やウエアはすぐ持ち出せるように玄関に置いておこうと思う。

5月●生活リズムを作ろう

　「日常生活を送る上で必要な時間」「自分がやるべきことに費やす時間」「自分のやりたいことに費やす時間」に分類し、バランスがとれた時間の使い方を考え、実践します。

［ステップ1］

　まず活動ごとのイメージカラーを決めます。次に、「自分の1日」の時間軸にそって、やっている行動を書き込み、イメージカラーを使って、枠を色鉛筆やペンで囲んだり、時間軸の中を薄くぬったりして色分けします。

［ステップ2］

　自分が何に何時間使っているのか、計算して確認し、年齢平均と比較し参考にし、これからの自分の時間の使い方をどうするか考え、時間の種類ごとに「短いほうがよい」「このまま」「長いほうがよい」の中から選びます。

［ステップ3］

　Aさん、Bさんにアドバイスをします。「Aさん」「Bさん」の吹き出しに書いてあるコメントを読み、それぞれの思いに合わせて、変更のアイデアを考え、下線部に書き込みます。

［ステップ4］

　［ステップ3］の年齢平均との比較や［ステップ4］の「Aさん」「Bさん」の1日でおこなった練習をふまえ、「自分の1日」のプリントを見ながら、「平日のパターン」「休日のパターン」「テスト前のパターン」を新しいタイムスケジュールに書き換えます。

[ステップ5]

　実践のふり返りをします。スケジュール通りにしないと、と過剰に意識してしまう場合は、毎日きちんとスケジュール通りに過ごせなくても数日～1週間単位で平均してできていればよいことを伝え、その日に時間がとれなかった場合は、いつ補填するのかなどを考える練習もできるとよいでしょう。（＊参考サイト　ベネッセ教育総合研究所の生活時間の調査結果）

6月●予定変更の乗りこえ方

　マイナスの出来事をプラスに変えられる柔軟な視点をもつこと、予想外のことにあわてないようにいろいろな可能性を考えておくことの練習をします。

[ステップ1] マイナス体験をプラスに考えてみます。

解　答

1）例・もう一度、勉強することで、よりまちがえにくくなる。
・頭を使う機会になる。
・もう二度と再テストを受けたくないと思い、次の小テストの勉強をがんばれる。
2）例　友だちがいなくても、別に…という人もいるかもしれませんが、この場合、遊べないのは残念だけどこの時間にできることを考えるという場面とします。
・家に帰って好きなことをする（本、マンガ、DVDなど）。
・図書館に寄って帰る。
・早く帰って、部屋のそうじをする。
3）例・自分の忍耐力を試されていると受け取る。
・もう一度、作るチャンスができた。今度は、もっといいものを作ろうと思う。
・物の置き方、しまい方を考える機会になったと思う。
4）例・地面がうるおう、草花木々にとってはなくてはならないもの。水不足にならなくてすむ。
・風がないから濡れないですむ。

・新しいかさをさすチャンス。
・大雨で習い事が中止になるかも。
5）例・ゲーム、一人神経衰弱。
・部屋の片づけをして、家の人に感謝してもらう。
・撮りためていたビデオを見る。
6）例・チケット代のつもりだったお金で別のものを買う。
・会場の周りを探検したり、他の普段行かないところに行ってみる。
・今回のチケット代を貯めて、次回の演芸に備える。次回の演芸のほうがおもしろいかも？と期待する。

[ステップ2] では、あらゆる可能性を考え、それに対しての対応策を考えてみます。

解　答

※□の出来事はワークシートに書いていないものです。

エピソード1	対応策
①いきなりの停電。データが消えた。 ②タッチミスで最新入力データを消した。 ③なぜかフリーズ。 ④USBのメモリがいっぱいになって保存できない。 □過去のデータが見つけられない。	①回復機能を探す。 ②回復機能を探す。 ③フリーズしやすいパソコンの場合、こまめにバックアップを取って作業をする。 ④新たなUSBに保存する。 □時間があるときに、ファイルを作って項目ごとに整理しておき、探しやすい工夫をする。

エピソード2	対応策
①友だちは頻繁に遅刻するタイプ。 ②映画館に着いたら満員で入れず。 ③移動の途中、乗っている電車が事故で動かなくなった。 ④友だちから急なキャンセル連絡。 □ボーリングの待ち時間が2時間	①友だちの遅刻時間を考え、予定より早めの時間を伝える。待っている間できることを用意 ②二番目に見たい映画を考えておく。 ③読みたい本を持参しておく。 ④友だちが来られなくなったときの別案を考えておく。雨の日バージョンのようなもの。 □待ち時間の間に遊べる場所を考えておく。あるいは、その間にできる遊び道具を持参する（トランプなど）

37

エピソード3	対応策
①雨が降って昼休み校庭使用中止	①雨の日の遊びを見つける。
②いつもの場所でドッジボールをしようとして、場所がとられていた。	②別の遊びに変更。または、ドッジボールに入れてもらう。
③下校時、土砂降り。かさを忘れた。	③教室で雨が止むのを待つ。かさに入れてくれそうな人をさがす。
④雨の日、図書室が満員。	④読みたい本を借りて帰り、家でじっくり読む。お菓子や飲み物をつけて喫茶店気分を満喫する。
□雨が続き天気が悪いと何事にもやる気が起きない。	□思いっきりおしゃれなてるてる坊主を作り家に飾る。(よければ)学校でも飾ってもらう。

[ステップ3]

　実際に自分が体験している、体験しそうなことを書き出し、プラスに考えてみたり、いろんな可能性を予想してその対策を考えてみます。

7月●洋服について考えてみよう
(衛生面について)

　衛生面に気を配りにくい子どもに対して、汗をかいた時の対応方法を考えてもらいます。
[ステップ1] 汗をかいた時の対策を知ります。
[ステップ2] どんな場面で汗をかきやすいのか確認します。
[ステップ3] 実際に取り組んでみて、ふり返る機会をもちます。衣類や制汗剤の購入は、家の人などと相談してください。

(天候に合った服装)

　天候に合わせた服装選びについて学びます。
[用意するもの]
天気や気温がわかるもの(インターネット、新聞など)
[ステップ1] 自分の体質や天候の調べ方を確認します。
[ステップ2] 実際に翌日の気温を調べて、その天候に合った服装を考えます。また、その服装

が適切だったかふり返ります。1日だけではなく、さまざまな気温の時に取り組めるとよいでしょう。

(年齢に合ったコーディネートを考える)

　年齢相応の服装について学びます。
[用意するもの]
天気や気温が、わかるもの(インターネット、新聞など)
[ステップ1] まず、自宅で自分の持っている服の種類や数を確認します。
[ステップ2] 自宅で自分の年齢に合ったコーディネートを考えます。
[ステップ3] これまでのまとめとして、夏休みや休日など、外出先に合わせたコーディネートを考えます。自分の持っている服の種類がイメージしにくい子どもの場合は、宿題にして自宅で確認をするようにしたり、写真を撮ってくるようにしてもよいでしょう。大人の人にコメントをもらい、最後に感想を書きます。

8月●夏休みの過ごし方

　特別な予定のない1日の過ごし方から、1日の外出、1泊2日の家族旅行までの計画の立て方を経験します。
[ステップ1]

　自分の家の近くにどんな余暇を過ごす場所があるのかを調べます。このワークでは、お金がかかるかどうかで場所を分けて考えていきます。グループでおこなう場合、他の子が、どんな場所をリストアップしたかを発表してもらうと「そういう場所、うちのそばにもあるな!」と気づくきっかけにもなるでしょう。
[ステップ2]

　1日のスケジュール作りをします。まずは、1時間(あるいは、それ以上)の家庭学習をどこの時間帯にするのかを決めるとよいでしょう。改めて書き込んでいくと、自由に使える時間は多いのに漠然と過ごしてしまっていることに気づくかもしれません。家族の一員として、家事

を手伝うきっかけにできるかもしれません。ここで考えたスケジュールに沿って過ごしてみて、その感想を紹介し合うような時間が取れるといいでしょう。

[ステップ3]

1日の外出計画を立ててみます。交通系ICカードが普及したこともあり、子どもでも気軽に鉄道やバスが利用できるようになってきました。けれども、その結果、「目的地まで電車で行くといくらかかるのか」ということがわかりにくくなってもいるようです。運賃は、インターネットの路線検索サービスで調べてみましょう。外出先の案自体が思いつかない子どもは、プランを提案し、それに沿って運賃や入場料、開催日を調べてみるだけでもよい経験になるでしょう。

[案の例] Jリーグ観戦、門前町で食べ歩き、科学館、アニメフェア。

[ステップ4]

1泊2日の家族旅行の計画を立ててみます。実際に「家族旅行の計画」を小中学生や高校生が立てることは難しいかもしれませんが、このワークを通じて、1泊の旅行をするには、さまざまな準備や計画が必要であることがわかったり、情報の調べ方がわかるといいでしょう。情報を調べる手段としてはインターネットが中心になると思いますが、ガイドブックなども用意できるようなら用意して、1つの場所をいくつかの視点から見てみるとよいでしょう。ガイドブックは、図書館でも借りられます。実際に出かけるわけではなく、計画の練習ですので1)の旅行先は、複数の観光スポットがある地域をあらかじめ指定してあげてもよいでしょう。3)で、スケジュールを考える際には、移動時間やそこで過ごす時間を考えて、出発する時間を逆算することや、余裕のある時間設定にすることを意識できればよいでしょう。宿泊場所（旅館、ホテル）までは決めなくてよいですので、出かけることが楽しく感じられるよう楽しい雰囲気でやってみましょう。

9月●忘れ物対策を考えよう

自分がどんなときやどんなこと、ものを忘れやすいかについて確認し、覚えておく工夫、思い出す工夫を考えます。その工夫を実際に試しながら、自分にあった方法を作り、定着をめざします。

[ステップ1]

Ａさんの忘れ物の理由と対策法を考えてもらいます。あてはまるものに複数〇をつけてもよいです。②ではＡさんの対策方法を考え、自分にもあてはまるなら④で、自分なりの方法を考えてもらいます。

[ステップ2]

実践編です。自分が考えた方法を「実践チェック表」に書き込んでもらい、忘れ物の対処を試したことを記録していきます。チャレンジする前に、成功した日数が一定の基準以上であれば獲得できる「プチごほうび」を決めてから、始めてみましょう。

2週間の記録をつけ、結果がどうであったかふり返りをおこない、改善点などについて考えます。

実践がうまくいかなかった場合、本人に合っていない方法である可能性を伝え、別の方法を試してみることを勧めます。または、忘れてしまったことに気づいたらその場でできること、頼りになる人などをリストアップするなどして、忘れた場合の対処法を考えるのもよいでしょう。

10月●健康管理をしよう

心身の健康に関してチェック表を使って、自分の健康状態を把握します。

[ステップ1]

全般的な疲労感について確認してみます。疲れているようでしたら対処法について考え、実践をしてふり返りをします。〇の数が6こ以下であっても、1つの項目にとても不調だということもありますので、疲れを減らすための対処法を選択し、おこなってもよいでしょう。

[ステップ2]

食生活について考えます。栄養バランスが偏っていないか、嫌いな食べ物への対処法についてなどを考えます。

[ステップ3]

自分はストレスをためやすいのか、ためにくいのかをＡさん、Ｂさんのエピソードを通して考えます。

解　答

例

1）Ａさん：「せっかくの遠足なのに雨が降ってがっかり」

　　Ｂさん：「川遊びに行けなくてもまあ仕方ないな〜雨プロ（雨用プログラム）何か楽しみ」

2）Ａさん：「あんなに勉強したのに、55点しか取れなかった」

　　Ｂさん：「しょうがない、次がんばろう、伸びしろあるぞー」

3）Ａさん：「聞きもらしてしまった、どうしよう」

　　Ｂさん：「わからないままだと困るから聞いてみよう〜」

4）Ａさん：「失敗してしまった恥ずかしい」

　　Ｂさん：「まちがえたことは、気にしても仕方ない。今度から気をつけよう」

無理やりＢさんのように考えることを強要する必要はありませんが、「心配し過ぎると疲れちゃうなー」といった感想がもてるとよいでしょう。

[ステップ4]

自分の心配具合を数値化してみます。自身の気になり具合を受け止めることが苦手な子どもの場合は、「誰でも気になること」であることを伝えたり、指導者が「そのくらいのころは、80％気にしていたよ」など、気になり度が書きやすいように配慮しましょう。4）で、具体的に誰かに何かを相談したいと思っているのであれば、それを実現するために計画も一緒に考えてあげましょう。

11月●気が向かないことでもやろう

[ステップ1]学習

[ステップ2]提出物

[ステップ3]家の手伝いなど、気が向かないことに少しでも前向きに取り組めるように、気が向かない理由を冷静に考え、どうすれば取り組めるかについて考えます。

[ステップ4]実践するワークです。

気が向かない教科名や気が向かない理由は、本人の実際に合わせて書いてみましょう。（1）内容に興味がない、（4）担当の先生が苦手など、「どうしたらできそうかな」と対応させて書くことが難しい「気が向かない理由」もあるかもしれませんが、どんな教科でも自分にあてはまる部分は見つけられるはずですので、短期的な対策ではなく、その後、その教科を必要以上に避けなくてもすむような向き合い方を一緒に考えてあげましょう。また、漠然とした理由（「嫌になった」「ムダだと思う」）の場合は、見方を変えてあげたり（ムダということはないなど）、どういうことなら取り組めそうか、小さな課題や単元を示してあげるとよいでしょう。[ステップ4]にあるように、取り組んだ結果、取り組めなかった結果をイメージすることは、動機づけとして有効かもしれません。[ステップ4]のワークに取り組むにあたっては3章54、55の「やる気スイッチを探せ」や3章56「さまざまな気持ちのコントロール法」のワークも参考にしてみてください。

解　答

例 どうしたらできそうかな？

[ステップ1・2]学習・提出物

・その教科が好きな友人に勉強のコツを聞く

・その教科の先生にその教科のおもしろさを聞く

・塾の先生に試験勉強のスケジュールを一緒に立ててもらう

・好きな友だちや先輩と勉強する

・自分へのごほうびを用意する

・自分の将来の夢を思い出す

[ステップ3] 家の手伝い
・家族会議で内容を相談する
・アルバイト制にする
・親への感謝の気持ちを思い出す
・やらないと何かペナルティーがつくようにする
（おかわりできないなど）

例 気が向かなくてもやらなくてはいけない理由
[ステップ1・2] 学習・提出物
・自分の能力を評価してもらえなくなる
・人生において何を学ぶのもムダはない
・自分を成長させるため
・進学のため
・大人になって困らないため
[ステップ3] 家の手伝い
・家族の一員だから
・感謝されるから
・養ってもらっているから
・家族を助けたいから
・家事を学べるから
・大人になって役に立つから　など

12月●快適に生活するために、そうじのやり方を知り実践しよう

　そうじや整理整頓のやり方を知ります。
[ステップ1]
　捨てる捨てないの判断基準について、考えます。
[ステップ2]
　ゴミの分別について考えます。ゴミの分別は、自分の住む地域の分別方法や捨てる曜日を調べ、さまざまな種類のゴミが、どの分類にあてはまるかや捨てる曜日を確認します。
[ステップ3]
　場所によるそうじのやり方や必要な用具について考えます。すべてでなくても子ども自身が使える用具やできる範囲で、方法を調べまとめます。
[ステップ4]
　総まとめとして、自分の部屋のそうじをしま

す。まず、今回はどこをいつ、何分くらいそうじをするかを計画し、自分の部屋に必要なゴミ箱（袋）の数を確認します。[ステップ3] を参考にそうじをおこない、ふり返りをします。

1月●金銭感覚を身につけよう

　物の値段や、お金の使い方、貯金の方法などを学びます。
[ステップ1]
　日ごろ目にするものがいくらで売られているかを予想し、実際にお店に行って値段の確認をします。
[ステップ2]
　Aさんの修学旅行のおみやげを、購入する場面を通して、お金の使い方について考えます。この場合、人に買ってあげるおみやげなので自分の欲しいものばかりではなく、お姉さんや弟の希望も考えることや、むりやり不要なものは買わないことを学びます。グループで話し合いながら、おこなうのもよいでしょう。また、おみやげと同じように相手にプレゼントを買ってあげるときは、どんなものがいいのか話し合うのもよいでしょう。
[ステップ3]
　お年玉の使い方について考えます。また、大金は銀行や郵便局に預けるのがよいことや、口座の使い方について学びます。3）の「②欲しいものがあったときのために貯めておく金額」は、将来に向けてという意味ではなく、ゲーム機やサッカーボールなど1年以内くらいに買いたいもののための貯金という意味です。
[ステップ4]
　実際に使ったお金の記録をします。お年玉とおこづかいの記録をおこないます。まず、1か月取り組んでみます。取り組みを忘れないように手帳にメモしておいたり、声かけをすることが必要かもしれません。1か月後にふり返る場面をもち、継続できるとよいでしょう。

2月●同じ失敗をくり返さないために

　同じ失敗をくり返さないためには、どんなことに注意したらいいのかを考えてもらうワークです。

　　解　答

1）例 Aくんについて
●試験勉強の仕方についてのアドバイス
　「Aくん、中学の試験は何教科もあるから、試験勉強は計画を立ててからやると、勉強できない教科はなくなると思うよ」
●気持ちの切り替え方のアドバイス
　「Aくん、今回は残念だったけど、これから定期試験は何回もあるからがっかりしすぎないで。少しずつ試験前の勉強に慣れていこうよ」
●試験勉強の時間の使い方のアドバイス
　「Aくん、他の教科もすぐに点が取れそうな部分だけでも、やっておくといいよ。前の日に教科書を見るくらいでも違うと思うよ」
2）例 Bくんについて
●クラスの行事についてのアドバイス
　「Bくん、中学校の行事はね、クラスみんなで取り組んでいくものなんだ。まとめ役をやっている子には協力しよう」
●自分の用事との両立についてのアドバイス
　「Bくん、どうしても歯医者に行かないといけないのなら、早めに先生やまとめ役の子に言ってから行くといいよ。それでも難しい時は、親に言って歯医者の日を変えてもらえばいいよ」
●ことばづかいについてのアドバイス
　「Bくん、自分の気持ちを伝えたいなら、怒った口調ではなく落ち着いて話そう。『ごめんね、歯医者に行かないといけなかったんだ』という感じで」
3）例 Cさんについて
●提出期限についてのアドバイス
　「Cさん、進路の調査は、とても重要な書類だよ。だから期限は守らないといけないよ。両親が忙しいのなら早めに相談しておいたり、土日に、タイミングよく渡すといいよ」

●進路についてのアドバイス
　「Cさん、進路について考えるのは難しいけれど、他の人ではなく自分のことだからね。何から考えていいかわからなかったら、先生に相談してみよう」
●先生との関係についてのアドバイス
　「Cさん、先生には厳しいことを言われてしまったけれど、まずはしっかり謝って、今回の書類はできるだけ早く出そう」
4）例 Dさんについて
●役割についてのアドバイス1
　「Dさん、『司会』なんて聞くと難しそうって感じるけれど、どんな役割なのかもう一度先生に確認してみたら？　台本を読むだけかもしれないよ」
●役割についてのアドバイス2
　「Dさん、本番までは2か月もあるんだから、練習の時間はたくさんあるよ。自分にとっても思い出になるから、チャレンジしてみたらどうかな？」
●役割についてのアドバイス3
　「Dさん、でも送る会の司会、よく考えてもやっぱり自分には無理そうだと思うなら、早めに先生に相談して、他の人と変わってもらおう。それは、はずかしいことじゃないよ」

3月●未来の自分へ、ライフプランを立てよう

　大人になった自分を想像して考えてみるワークです。将来をイメージすることで、今、現在の日々を大切に感じることができることもあります。

[ステップ1]

　1人暮らしをする上で、かかるお金について知るワークです。1人暮らしと言われてもイメージが持てないこともあるでしょう。「1人暮らし＝自立」ではありませんが、親と暮らすことで成り立っている自分の生活には、どんなお金がかかっているのかを知ることは、自立に向けての大切なステップと言えるでしょう。

解 答

1) 例 ① （ウ） ② （エ） ③ （ア） ④ （イ）

[ステップ2]

実家と1人暮らしのメリットデメリット、その他の暮らし方について考えます。

解 答

1) 例 実家暮らし

メリット：家賃がかからない／食事の支度など、身のまわりのことをしてもらえる／寂しくない

デメリット：時間など家族に合わせないといけない／親に干渉される

2) 例 1人暮らし

メリット：時間など自分のペースで行動できる／友だちを家に呼べる／自分の好みのインテリアにできる

デメリット：家賃がかかる／何でも自分でしないといけない／病気などのとき不安

[ステップ3]

自炊、そう菜、外食のメリットデメリットについて考えます。コンビニ弁当や外食が自炊に比べて割高なのは、時間や手間がかかっているからだという理由まで考えられるといいでしょう。メリット、デメリットを考えていく中で、安ければいいだけの判断ではなく、時には割高であっても外食がいいなど、どんな時にどのように食事したらいいのかを、話題にできるとよいでしょう。

解 答

4) 例

●自炊

メリット：安くできる／野菜がとりやすい／味付けを好みにできる

デメリット：手間がかかる／片づけが大変

●コンビニやスーパーのそう菜や弁当

メリット：必要なものだけ買える／外食よりは安い

デメリット：余計なものを買ってしまう可能性がある／ゴミがたくさん出る

●外食

メリット：座ればすぐ食べられる／調理しないでいいので、その分、他のことに時間が使える

デメリット：お金がかかる／味付けが濃いことが多い

[ステップ4]

大まかな人生の設計をしてもらいます。それぞれを選んだ理由も、話してもらうとよいですし、グループで発表しあうのもよいでしょう。取り組む子どもの年齢によって、具体性や切実度は異なるでしょう。中学生くらいまでの子どもであれば、実現する可能性よりも興味のある仕事に就くためには、どんなことが必要か考えるだけでも楽しいと思います。思いつきにくい場合は、親御さんや指導する方がどうやって今の職を得たかや、どんな資格が必要だったかなど、教えてあげることからやってもいいでしょう。身近な職業について、みんなで考えてみてもいいでしょう。

3章

まずはチャレンジ
基本ワーク 57

3-1 自分のレベルを知ろう

メインアイテム…❶
サブアイテム……❾
〔準備物〕

自分のことを一番知っているのは自分だ！と言いますが、はたしてそうでしょうか？
ここでは自分の力を予想する練習をします。

1）下に書かれていることを、どのくらいできるか予想を立ててみましょう。
2）実際にやってみて、結果を記録しましょう。

チャレンジ課題	チャレンジ日	予想	結果
①片足（右）で、できるだけ長く立ってください。（秒針やストップウォッチを見ながらやろう）	／	秒	秒
②片足（左）で、できるだけ長く立ってください。（秒針やストップウォッチを見ながらやろう）	／	秒	秒
③3分間で、できるだけたくさん腹筋をしてください。	／	回	回
④1分間に、できるだけたくさん「あ」からはじまることばを言ってください。	／	こ	こ
⑤1分間、1人しりとりをしてください。いくつ続くでしょう。「しりとり」から始めましょう。	／	こ	こ
⑥1分間で、できるだけたくさん乗り物の種類を言いましょう。	／	こ	こ
⑦1分間で、できるだけたくさん友だちの名前（みょうじ・名前どちらでもよい）を言いましょう。	／	人	人
⑧3分間で知っているアニメキャラクターを、できるだけたくさん言いましょう。	／	こ	こ
⑨3分間で知っている歴史上の人物を、できるだけたくさん言いましょう。	／	人	人
⑩明日の学校の準備（または帰りのしたく）を、できるだけ早くやってみましょう。	／	分	分

●まとめ

予想よりできた	だいたい予想通りだった	予想よりできなかった
／10	／10	／10

●やってみた感想

「思ったよりできるな・思った通りだな・意外とできていないのだな」と
知ることがまず大切です。

3-2 時間感覚を身につけよう その1
（どのくらいかかるかな？）

メインアイテム…❶❸
〔準備物〕

1) 下に書かれていることを終わらせるには、それぞれどのくらい時間がかかるか予想を立ててみましょう。
2) 実際にやってみて、かかった時間を記録してみましょう。

チャレンジ課題	チャレンジ日	予想	結果
①おりがみを4分の1にきっちり折って、それを4枚に切り分けましょう。	／	約　　時間　　分・秒	約　　時間　　分・秒
②新出漢字5文字を、ドリルなどからノートに写して書きましょう。	／	約　　時間　　分・秒	約　　時間　　分・秒
③50枚ほどの紙の束を5枚1組に分け、クリップで右端1か所をとめるという資料を10セット作りましょう。	／	約　　時間　　分・秒	約　　時間　　分・秒
④からっぽのかばんに、出かけるために必要なもの（お財布、ハンカチ、ティッシュ、水筒、携帯、他に：　　　）を入れましょう。	／	約　　時間　　分・秒	約　　時間　　分・秒
⑤家から最寄り駅まで歩きます。	／	約　　時間　　分・秒	約　　時間　　分・秒
⑥Tシャツ、ズボン上下1組をお店に置いてあるのと同じくらいきれいにたたんでみましょう。	／	約　　時間　　分・秒	約　　時間　　分・秒
⑦水200CCをやかんに入れて、火力最大で沸とうするまでの時間はどのくらいでしょう。	／	約　　時間　　分・秒	約　　時間　　分・秒
⑧	／	約　　時間　　分・秒	約　　時間　　分・秒
⑨	／	約　　時間　　分・秒	約　　時間　　分・秒

● やってみた感想

どんなことにどれくらい時間がかかるかわかっていると、無理なく、やりきれる計画が立てられます。

3-3 時間感覚を身につけよう その2
（もっと早くするためには？）

メインアイテム
…❶❸❽
〔準備物〕

3-2のチャレンジの結果はどうでしたか？　予想より早かったり、遅かったりしたのではないでしょうか。予想を実際の時間に近づけるには、「時間の感覚（3分間ってどのくらい、30分ってどのくらい）」がわかることと、「それぞれに作業をするのに自分はどのくらい時間がかかるのかを知っておくこと」が大切です。

さて、実際にかかった時間がわかった次は、時間短縮にチャレンジしてみましょう。普段の生活でも早くできると、あまった時間を自分の好きなことに使うことができますよね。

3-2のチャレンジ課題からまず2つ選んで、時間短縮をめざしましょう。

1）早くするためにはどんな工夫をしてみるか考えてみます。

2）考えた工夫を実行して、もう一度やってみましょう。

※ただし完成度は下げず（きれいに）、安全におこなうことは必ず守ってください。

再チャレンジ課題番号	1回目の時間	時間短縮のための工夫	2回目の時間
	約　　　時間　　　分・秒		約　　　時間　　　分・秒
	約　　　時間　　　分・秒		約　　　時間　　　分・秒

●やってみた感想

3-4 24時間の使い方 その1

メインアイテム…❸

下の表は、たろうさんの平日、土曜、日曜の1日の過ごし方です。

①平日

時刻	内容
午前1:00	睡眠
2:00	
3:00	
4:00	
5:00	
6:00	
7:00	
8:00	朝の準備・朝食
9:00	
10:00	
11:00	学校
12:00	（放課後は部活）
午後1:00	
2:00	
3:00	
4:00	
5:00	
6:00	帰宅　ゲーム
7:00	勉強
8:00	夕食　手伝い
9:00	テレビ
10:00	
11:00	入浴など
12:00	睡眠

②土曜日

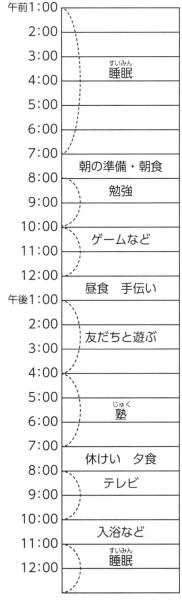

時刻	内容
午前1:00	睡眠
〜7:00	
8:00	朝の準備・朝食
9:00	勉強
10:00	ゲームなど
11:00	
12:00	昼食　手伝い
午後1:00	
2:00	友だちと遊ぶ
3:00	
4:00	
5:00	塾
6:00	
7:00	休けい　夕食
8:00	テレビ
9:00	
10:00	入浴など
11:00	睡眠
12:00	

③日曜日

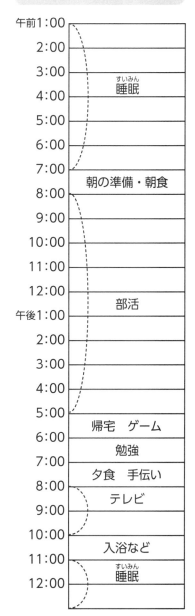

時刻	内容
午前1:00	睡眠
〜7:00	
8:00	朝の準備・朝食
9:00	
10:00	
11:00	
12:00	部活
午後1:00	
2:00	
3:00	
4:00	
5:00	帰宅　ゲーム
6:00	勉強
7:00	夕食　手伝い
8:00	テレビ
9:00	
10:00	入浴など
11:00	睡眠
12:00	

3-4 24時間の使い方 その1

たろうさんの1日の過ごし方を参考にして、あなたの睡眠時間、食事時間、着替えや洗面、遊びや部活、習い事、自由時間を書きこんでみましょう。

①平日（または　月　日　曜日）	②土曜日（または　月　日）	③日曜日（または　月　日）
午前1:00	午前1:00	午前1:00
2:00	2:00	2:00
3:00	3:00	3:00
4:00	4:00	4:00
5:00	5:00	5:00
6:00	6:00	6:00
7:00	7:00	7:00
8:00	8:00	8:00
9:00	9:00	9:00
10:00	10:00	10:00
11:00	11:00	11:00
12:00	12:00	12:00
午後1:00	午後1:00	午後1:00
2:00	2:00	2:00
3:00	3:00	3:00
4:00	4:00	4:00
5:00	5:00	5:00
6:00	6:00	6:00
7:00	7:00	7:00
8:00	8:00	8:00
9:00	9:00	9:00
10:00	10:00	10:00
11:00	11:00	11:00
12:00	12:00	12:00

3-5 24時間の使い方 その2

メインアイテム…③

3-4の自分のそれぞれの時間を計算して、下の表に記入してみましょう。

	平日 (　月　日　曜日)		土曜日 (　月　　日)		日曜日 (　月　　日)	
	たろうさん	自　分	たろうさん	自　分	たろうさん	自　分
睡　眠	8時間		8時間		8時間	
食　事	1時間		1時間30分		1時間	
身支度	1時間 朝・夜30分ずつ		1時間 朝・夜30分ずつ		1時間 朝・夜30分ずつ	
入　浴	30分		30分		30分	
習い事	／		3時間 (塾)		／	
部活動	2時間		／		9時間	
勉　強 (家庭学習)	1時間		2時間		1時間	
学　校	7時間		／		／	
自由時間	3時間		7時間30分		3時間	
家の手伝い	食器の片づけ 30分		昼食を作る 30分		食器の片づけ 30分	
その他						

 1日の長さは「24時間」。これはだれでも同じに与えられていることです。**自分が何に時間をかけているのかを知り、24時間をじょうずに使いましょう。**

3-6 目標を達成するためには その1
（Aさんのことを考えてあげよう）

メインアイテム…❶
サブアイテム……❷❼❽
〔準備物〕

Aさんの今学期の目標は、
1）8時15分までに登校する（遅刻をしない）　2）漢字の小テストで100点をとる
3）友だちとケンカをしない　の3つです。

　Aさんが目標を達成できるようにやることの順序を考えたり、「スモールステップ方式」でアドバイスをしてください。

　「スモールステップ」とは、いっきにやりきろうとはせずに、細かく分けて考えたり、簡単なものから取り組み始め、少しずつ難しいことに挑戦していくことです。階段を一段一段上っていく様子をイメージして考えてみましょう。次のページの選択カードを切り取り並べ替えて、はってみましょう。

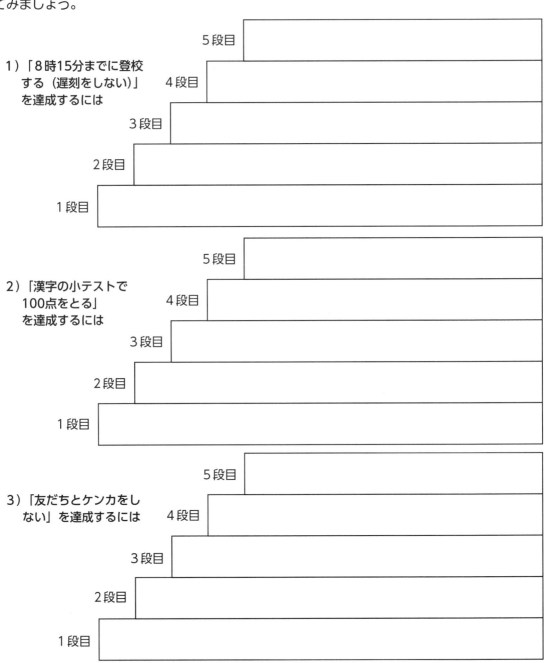

3-6 目標を達成するためには その1

切り取って前ページに置いてみて、確認してからはりましょう。

1)「8時15分までに登校する（遅刻をしない）」を達成するには

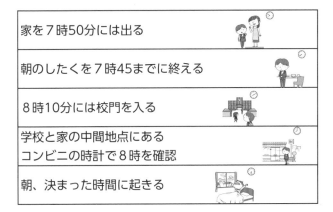

家を7時50分には出る

朝のしたくを7時45までに終える

8時10分には校門を入る

学校と家の中間地点にある
コンビニの時計で8時を確認

朝、決まった時間に起きる

2)「漢字の小テストで100点をとる」を達成するには

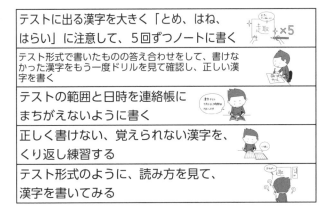

テストに出る漢字を大きく「とめ、はね、はらい」に注意して、5回ずつノートに書く

テスト形式で書いたものの答え合わせをして、書けなかった漢字をもう一度ドリルを見て確認し、正しい漢字を書く

テストの範囲と日時を連絡帳にまちがえないように書く

正しく書けない、覚えられない漢字を、くり返し練習する

テスト形式のように、読み方を見て、漢字を書いてみる

3)「友だちとケンカをしない」を達成するには

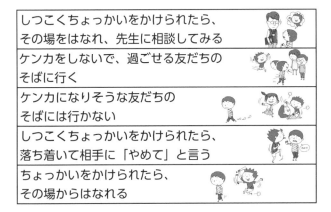

しつこくちょっかいをかけられたら、その場をはなれ、先生に相談してみる

ケンカをしないで、過ごせる友だちのそばに行く

ケンカになりそうな友だちのそばには行かない

しつこくちょっかいをかけられたら、落ち着いて相手に「やめて」と言う

ちょっかいをかけられたら、その場からはなれる

53

3-7 目標を達成するためには その2
（漢字小テスト実践）

メインアイテム…⓲

　Aさんの目標の1つは「漢字の小テストで100点とる」です。でもAさんは漢字を正しく書き写すのが大の苦手で、覚えようとしても練習しているうちに線が重なり合ってしまい、まちがえてしまいます。

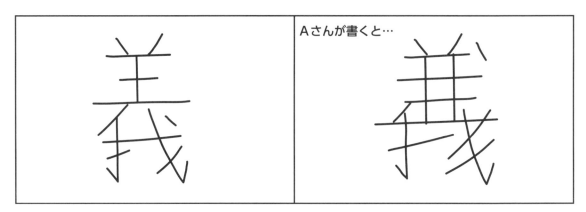

1) 以下の勉強法として、Aさんに向いている、とてもよいものには○、まあよいには△、向いていないものには×をつけましょう。

①テストに出る漢字をノートに100回ずつ書く	
②テストに出る漢字で、覚えているものと覚えていないものを区別する	
③表に読みがな、裏に漢字のカードを作って、覚える	
④覚えている漢字をていねいに何回も書く	
⑤覚えにくい漢字を大きく書いて、縦線や横線の数を確認する	
⑥覚えられない漢字をいくつかのパーツに分けて覚える	
⑦熟語や短文を作って、イメージで覚える	

2) Aさんはテストの範囲をまちがえてしまい、テストに出ない漢字を覚えていったために0点をとってしまったこともありました。このようなAさんが勉強前に、すべきことに○をつけましょう。（いくつつけてもよいです）

①テストに出る漢字はどれかを確認する	
②テストの日にちを確認する	
③机の前に「出題漢字、日にち」を書いてはる	
④テストには出ないが、難しい漢字を覚えておく	
⑤机の前に「がんばれ！」と書いてはる	

　あなたとAさんは似ているところがありましたか、ありませんでしたか。1) 2) のアドバイスをしてみた感想を書きましょう。

3-8 陣取りゲームに挑戦！

メインアイテム…**248**

　下の左の表のすべてのマスに右のブロックが埋まるように考えましょう。埋まったことがわかるように陣にブロックの形を書き、使ったブロックにはチェックをつけましょう。
　始める前にどのブロックから、どのようにおいていったらいいのか作戦を立ててからやりましょう。

1)

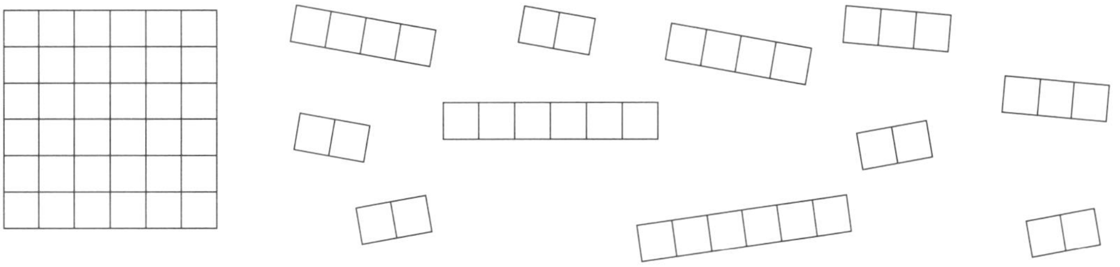

2)

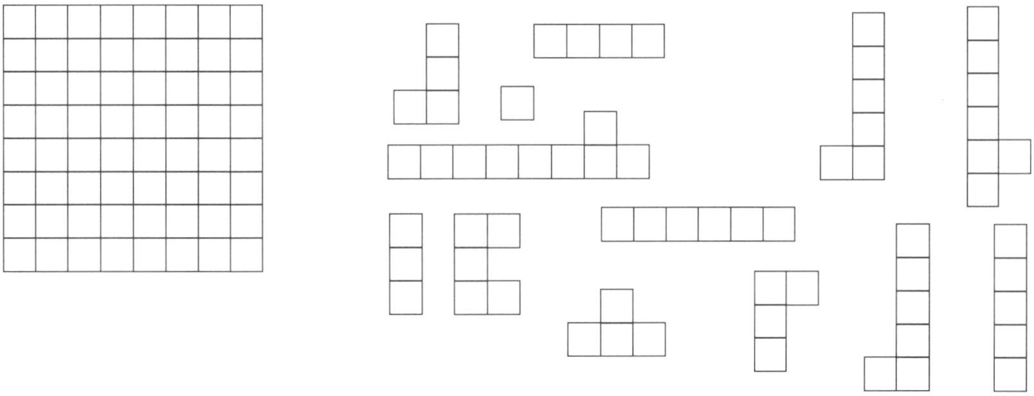

3)

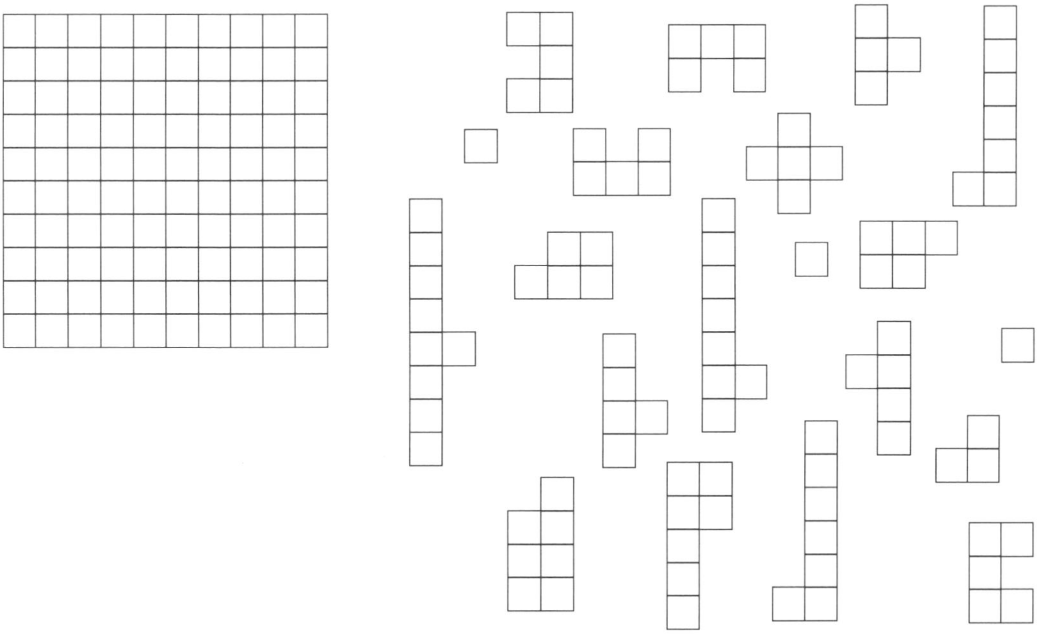

前もって考えた作戦 _____

やってみた感想 _____

55

3-9 カード検索ゲームに挑戦！

メインアイテム …②④⑦⑧
〔準備物〕

チャレンジ問題１）

56枚のカードから①〜④の４枚のカードをできるだけ早く見つけて、そのカードを下に置きましょう。

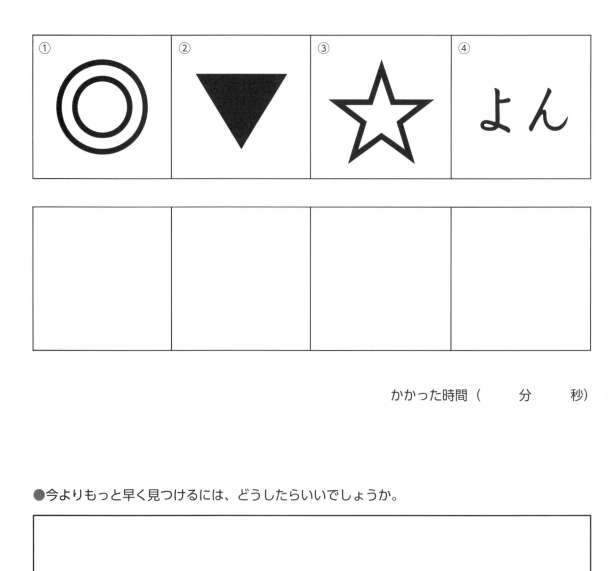

かかった時間（　　　分　　　秒）

●今よりもっと早く見つけるには、どうしたらいいでしょうか。

3-9 カード検索ゲームに挑戦！

チャレンジ問題２）

56枚のカードから⑤〜⑧の４枚のカードをできるだけ早く見つけて、そのカードを下に置きましょう。

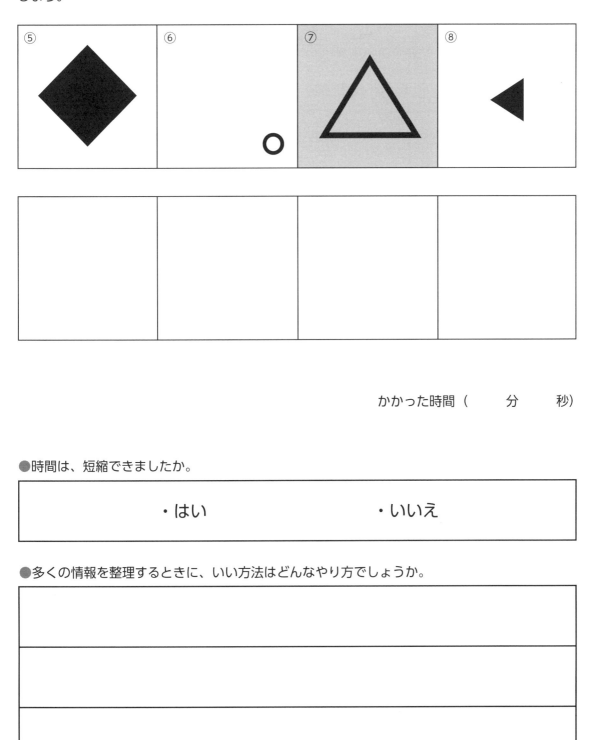

かかった時間（　　　分　　　秒）

●時間は、短縮できましたか。

・はい　　　　　　　　・いいえ

●多くの情報を整理するときに、いい方法はどんなやり方でしょうか。

3-9 カード検索ゲームに挑戦！

◎	○	●	◎
◎	○		●
◎	丸	まる	マル
4	四	よん	ヨン
○	○	▷	▶
◀	◁	⇒	⇐
⇓	⇑	←	→

3-9 カード検索ゲームに挑戦！

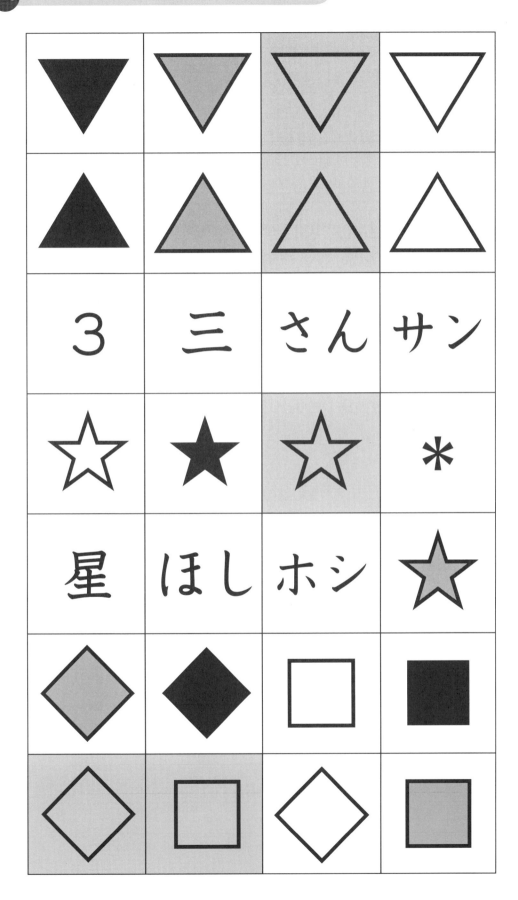

3-10 場面にあった字を書こう

メインアイテム…❷

あなたは字を書くのが得意ですか？　苦手ですか？

　字をきれいに早く書ければ、いいですが、なかなかそうもいかないものです。でも、いつでも早くていねいな字を書かないといけないわけでもありません。

　ここでは、場面によってていねいさを優先させたほうがいいときと、早さを優先させたほうがいいときを分けて、考えてみたいと思います。

←　　　ていねい		はやい　　　→
青空	青空	青空
レベル3 ゆっくりていねいに心をこめて	**レベル2** リズムに乗って、しゃかしゃかと、みんなが読めることがゴール	**レベル1** ささっと 自分は必ず読めることがゴール

　以下の場面のときに、書くといいレベルは、いくつでしょう。また、下のマスにそのレベルであなたも書いてみましょう。

1）新年の書き初めの清書で**「元旦」**と書く　　　　　…レベル＿＿＿＿＿

2）明日の持ち物を連絡帳（メモ帳）に国語の
　　ドリルを省略して**「国ド」**と書く　　　　　…レベル＿＿＿＿＿

3）体育の幅跳びの記録シートに感想を3行ほど書く、
　　最初の文字**「今日」**　　　　　　　　　…レベル＿＿＿＿＿

4）クラス日誌（日直が順番に書くもの）に**「理科」**と書く…レベル＿＿＿＿＿

5）職業体験をお願いする手紙に**「来月」**と書く　…レベル＿＿＿＿＿

6）友だちに電話でゲーム攻略のキーワードを聞いて、
　　忘れないように**「S4」**と書く　　　　　…レベル＿＿＿＿＿

6) S 4	5) 来 月	4) 理 科	3) 今 日	2) 国 ド	1) 元 旦

3-11 買い物も作戦が勝負！ その1

メインアイテム …②④⑦⑧

　あなたはスーパーに買い物に来ました。どのようにスーパーをまわるとよいでしょうか。まず品物と売り場をよく見てから、「スーパーの見取り図」にできるだけ遠まわりをしない買い方の順番を書き込んでみましょう。

1）買う順番を赤えん筆で①、②と書きましょう。（線でつないでもよいです）

バニラアイス	マーガリン	ひき肉
ツナの缶づめ	トマト	食パン

2）買う順番を青えん筆で①、②と書きましょう。（線でつないでもよいです）

イチゴジャム	ウインナー	冷凍おにぎり	ミネラルウォーター
お米	食器スポンジ	ねぎ	カップラーメン

「スーパーの見取り図」

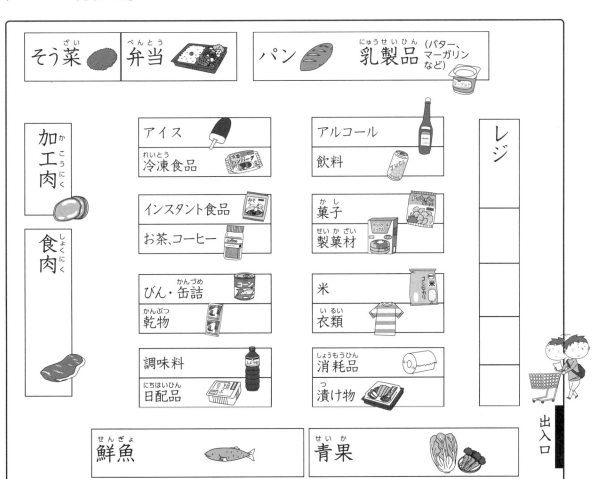

3-12 買い物も作戦が勝負！ その2

メインアイテム…②④⑦

スーパーでの買い物を無事に終えたあなた。会計をすませ、これから、もらったレジ袋に買ったものをつめます。たくさんのものを買ったので、うまくつめないといけません。入れる順番を考え、袋の中の配置図を書いてみよう。

品物	入れる順番
バニラアイス 2 こ	
マーガリン 1 箱	
ひき肉 1 パック	
ツナの缶づめ 3 こ	
トマト 3 こ	
食パン 1 きん	

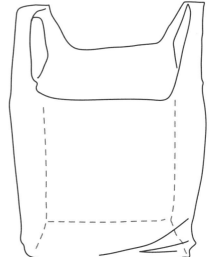

品物	入れる順番
イチゴジャム 1 つ	
ウインナー 1 袋	
冷凍おにぎり 1 パック	
お米 3 キロ	
食器スポンジ 1 つ	
ねぎ 3 本	
カップラーメン 2 こ	
ミネラルウォーター 2 本	

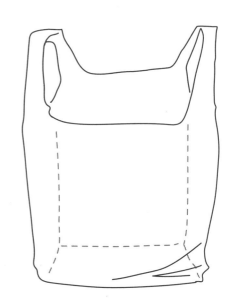

3-13 何からやるといいのかな? その1

メインアイテム…❶❷❸

「Aさんについて」を読んで、1)をやってみましょう。

> Aさんについて
> Aさんは、中学1年生の女子生徒で、バレーボール部に入っています。
> 週3回、塾に通っています。
> Aさんのお母さんは、Aさんに進学校に通ってもらいたいと思っています。
> Aさんは、バレー部が強い高校に通いたいと思っています。
> 好きなことは、お笑い番組を見ることとゲームです。
> 得意で好きな教科は数学と社会です。苦手な教科は英語と音楽です。
> 7月25日に、バレー部の試合があります。
> Aさんは、まだ試合には出ませんが、
> 1年生は先輩のためにお守りを手作りすることになっています。
> しかし、どんな風に作ればいいのか、ぜんぜん思いつきません。
> 今は、7月10日月曜の午後5時30分です。

1)「Aさんのやることリスト」を見て、①〜⑤に分類してみましょう。
　　□の中に、㋐〜㋢の記号を書いてください。

● Aさんのやることリスト

- ㋐ 英語の宿題［提出日7月11日］
- ㋑ 筋力トレーニング
- ㋒ 音楽の歌のテストの練習［テストの日7月18日］
- ㋓ お守り作り［試合は7月25日］
- ㋔ 社会の小テストの勉強［テストの日7月13日］
- ㋕ お笑い特番を見る［7月10日、8〜10時］
- ㋖ 受験勉強
- ㋗ 1週間前に買ってもらったソフトでゲーム
- ㋘ 塾の数学の宿題［提出日7月15日］

①今日中にやるべきこと　　　　　　　□

②明日以降に持ちこしてもいいこと　　□

③定期的にやるとよいこと　　　　　　□
　（例えば「毎日」、「週1」などの決まったペースで）

④ある期間まで続けてやること　　　　□
　（〜日まで、〜が終わるまで）

⑤人に相談にのってもらうといいこと　□

⑥自分が好きでやりたいこと（趣味）　□

63

3-14 何からやるといいのかな？ その2

メインアイテム…①②③

2）次は、7月10日の学校から帰った後、Aさんの午後6〜10時の予定を考えます。時間の横に何をするか、1）の分類を参考にして、書いてみましょう。

午後5時30分	Aさん帰宅 着替えなどをすませる
6時	
6時30分	
7時	
7時30分	夕食
8時	
8時30分	
9時	
9時30分	
10時	
10時30分	入浴
11時	寝る

3-15 何からはじめ、どこまでやれるかな？

メインアイテム…①②③
サブアイテム……⑦⑧⑩
〔準備物〕

用意するもの：はさみ、穴あけパンチ（1穴）、色えん筆、10センチほどのひも、または
リボン5本、タイマーまたは、ストップウォッチ

　5分間で下のカードを本の「しおり」として、5つ作りたいと思います。
　作業は、［ア］切る　［イ］イラストに色づけする　［ウ］上のまん中にパンチで穴をあける　［エ］穴にひも（リボン）を通してとめる　です。どの順番でやってもよいですが、時間を考えて、相手にあげることを気にして作成してください。

● ふり返り

1）あなたは、どういう順番でやりましたか。その理由を教えてください。

| □ | ⇒ | □ | ⇒ | □ | ⇒ | □ | そうした理由： |

2）時間内に完成しましたか。

・完成した	・完成しなかった

3）完成した人は、何に気をつけましたか。完成しなかった人は、どうしてだと思いますか。

　　　　　　完成しなかった人は、3）を参考にして、ぜひ、再チャレンジしてください！

------------------------- きりとり -------------------------

3-16 やるべきこと・見すごすこと

メインアイテム…❷❸
サブアイテム……❼❾❿

　下のお話は、いつも忙しいことが悩みの、いそがしたくろうさんが、学校から帰ってきた、ある日の様子です。話を読んで1）～4）について考えてみましょう。

　家に着き、玄関（げんかん）のカギを開けました。時間は4時です。お母さんはまだ、仕事から帰ってきていません。下駄箱（げたばこ）の上を見ると、弟が昨日遊んでいた、ベーゴマが置いてありました。「なつかしいな～、ちょっとやってみるか…。あれっ、おかしいな～」久しぶりのコマまわしは、なかなかうまくいきません。10回、20回と続けるうちにやっと勢いよくまわり、たくろうさんの気持ちは満足しました。時間にして30分くらいだったでしょうか。

　「あー、のどがかわいた～」と、かばんは玄関（げんかん）に置いたまま、キッチンに向かいました。冷蔵庫からお茶を出して飲みながら「まず、はじめに、理科の課題を済ませて、明日の国語の予習をして、6時に弟が帰って来る前に撮（と）りためておいたDVDを見る。それからマンガを読むかな…ふふふ」と、これからの計画を立てました。

　外を見ると雨がぽつぽつと降り始めました。「あ、洗たく物やばいじゃん！」と言ってベランダの洗たく物を急いで取り込みました。「あれっ」たくろうさんは、ベランダのすみに置いてあった虫かごに気づきました。「これ、ずっと放っておいたままだった。だいぶ汚れているな。今度、使うときに困らないように洗っておこう、おれって準備がいいな…」とつぶやきながら、たわしを探し出して、じっくりていねいに虫かごを洗いました。

3-16 やるべきこと・見すごすこと

　「さて、理科の課題を始めるか…」資料を検索しようとパソコンに向かいスイッチを入れました。「あぁ、かばんとってこないと…」玄関にかばんを取りに行き、さっきのコマを、また少しまわしてみました。今度は、すぐにうまくまわりました。

　ちょうどそのとき、インターホンが鳴りました。となりの人から回覧板がまわってきたのです。「あぁ、どうも」とあいさつをして受け取りました。回覧板を見ると、中にはたくろうさんの学校の「学校便り」が入っていました。「なになに…部活動紹介、学校アンケート…」じっくり見ていると、再びインターホンが鳴り、弟をつれたお母さんが帰ってきました。「たくろう、玄関で何してるの？　まあパソコンつけっぱなしじゃない」弟はテレビをつけていつものアニメを見始めました。「えっ！もうこんな時間！　まだ、何にもできていないよ～」

1）たくろうさんがやっていたり、考えている文の下に線を引いてみて、いくつのことをしたか、かぞえてみましょう。

やったり、考えたことの数 ＿＿＿＿＿＿＿＿＿＿

2）その中で、大切な順（このときの優先順位が高い順）に、線の下に①、②と番号をつけてみましょう。

3）優先順位が低く、このときにやらなくてもいいことは、線の下に×をつけてみましょう。

4）たくろうさんが予定していた「理科の課題を済ませて、明日の国語の予習をして、弟が帰って来る前に撮りためておいたDVDを見る、それからマンガを読む」ことは6時までに実現できるでしょうか。実現するためにはどうしたらいいでしょうか。

3-17 やりたいこと・やれること・やらなくてはいけないこと
（海外旅行にて）

メインアイテム…❷❸❹

　Aさんはツアーで海外旅行に来ています。今日は、午前10時から、ホテルでの夕食前の集合時間の午後5時まで、自由時間が7時間あります。明日の早朝には、帰りの飛行機に乗るので、今日のうちに荷物をスーツケースに入れておかないといけません。Aさんは、その国のことばはよくわかりませんが、やりたいことはたくさんあります。おみやげも、まだ買っていません。残っているお金は300POM（その国のお金の単位）です。交通費は、すべて往復の金額です。
　下の中からAさんの予定を決めてあげてください。そして、その理由も教えてください。

①ぜひ、行きたいと思っていた世界遺産の建物見学
　※近くにレストランはないので、昼食のためには、さらに移動が必要
　（移動時間往復約5時間、見学時間短くとも約3時間
　　かかるお金：交通費など　200POM）

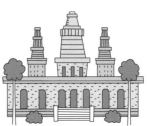

②少し気なっていた美術館
　※ショッピングセンターからは歩ける距離
　（移動時間往復約30分、見学時間1時間半、
　　かかるお金：交通費　40POM、入場料　40POM）

③自分で移動手段を考えなくていいオプショナル（追加の）ツアーで、まだ行っていない観光地巡り
　（ツアー全部で5時間、昼食も含む、かかるお金280POM）

④家族や友だちへの土産をショッピングセンターで買う
　※その中にレストランあり、②の美術館からは歩ける距離
　（移動時間往復約30分、買い物と食事時間約2～3時間、交通
　　費40POM、昼食10～150POM、おみやげ5POM～）

⑤荷物をスーツケースにだいたい入れておくこと
　（作業時間約30分）

3-17 やりたいこと・やれること・やらなくてはいけないこと

⑥昨日、行ってぜひもう一度行きたいと思っている公園
　（移動時間徒歩往復10分、散策時間1時間くらい　無料）

⑦日本にいるときからやりたいと思っていた
　手作りミニチュア船作り教室の参加
　（ホテル内　作業時間4時間、参加費150POM）

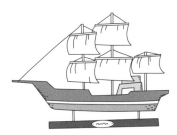

⑧行ってみたかった地元のスーパーへ買い物
　（移動時間徒歩往復30分、買い物30分～1時間
　　予算100POM）

時　間	予　　定	かかる費用（POM）
10：00	出発	
11：00		
12：00		
1：00		
2：00		
3：00		
4：00		
5：00		
	合計：	

※交通費はすべて往復料金です

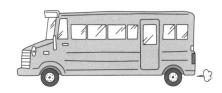

この予定に決めた理由

3-18 博学検定試験をクリアするには

メインアイテム…❷
サブアイテム……❽
〔準備物〕

テストに取り組むとき、時間内に合格点をめざすことは大切なことです。そのためには、何から始めるとうまくいくか（優先順位をつけること）を考える練習をしてみましょう。

●博学検定試験に挑戦！

①問題のレベルは5段階あります　②レベル1が一番わかりやすく、レベル5が一番難しくなっています　③それぞれのレベルの問題数と配点は下の表の通りです　④制限時間は3分です　⑤満点は200点で合格点は70点以上です

1）始まる前に問題をざっと見て、どの順番で取り組むとよいか考え、取り組む順番を書いてみましょう。

レベル	問題数	1問の得点	取り組む順番
1	5問	10点×5問＝50点	
2	1問	20点	
3	1問	30点	
4	1問	40点	
5	1問	20点×3問＝60点	

2）予想を立ててみましょう。

何点くらい取れそうですか	点
3分以内に合格ラインの70点は取れそうですか	はい　・　いいえ　・わからない

3）実際にやってみて、答え合わせをしましょう。

問題	答え	得点
（ア）2016年のオリンピックの開催都市はどこでしたか（レベル4：40点）		
（イ）世界の3大瀑布と言われている滝をすべて書きましょう（レベル5：1問20×3＝計60点）		
（ウ）1から9までを全部たすと、いくつになりますか（レベル3：30点）		
（エ）教科名（科目名）をどれでもよいので5つ書きましょう（レベル1：1問10点×5＝計50点）		
（オ）日本の都道府県の中で一番人口が多いのはどこですか（レベル2：20点）		

ひとこと感想：

3-19 ほかほかキッチンを繁盛させよう！

メインアイテム…❷⑧
〔準備物〕

あなたはお弁当屋、「ほかほかキッチン」の主任栄養士（メニューを決める責任者）です。お店に、以下のような依頼がきました。

1)「食べ盛り体育会系高校男子弁当」 2)「20代女性が喜ぶワクワク弁当」 3)「お年寄りにやさしいさっぱり弁当」の注文をお願いします。あなたのお店の他にも5つのお弁当屋さんにアイデアを考えてもらい、最もよいものを各500食注文したいと思います。まず、それぞれの見本を作ってください。

すべてのお弁当で大切なのは まず、①決められたカロリー内の栄養バランス、そして②買う人の好みを取り入れること、③みばえなどです。今回は値段に関しては考えないことにします。次のページの中から3つのお弁当にあったおかずをそれぞれ考えて切り取り、お弁当箱につめて（はって）ください。みばえを確認するために色をぬってもよいでしょう。

1) 食べ盛り体育会系高校男子弁当
　　（カロリーの目安900キロカロリー：ごはん400キロカロリー、おかず500キロカロリー）

2) 20代女性が喜ぶワクワク弁当
　　（カロリーの目安600キロカロリー：ごはん280キロカロリー　おかず320キロカロリー）

3) お年寄りにやさしい、さっぱり弁当
　　（カロリーの目安500キロカロリー：ごはん160キロカロリー、おかず340キロカロリー）

3-19 ほかほかキッチンを繁盛させよう！

（キロカロリー）

から揚げ１こ（70）
エビフライ１尾（60）
コロッケ１こ（75）

肉団子１こ（40）
豆腐ハンバーグ１こ（40）
焼き鮭１切れ（50）

卵焼き１切れ（30）
ポテトサラダ１カップ（80）
ピーマン肉づめ１こ（80）

春巻き１本（100）
れんこん炒め１カップ（40）
大学いも１切れ（40）

ミニトマト２こ（10）
ぶどう小１房（50）
キウイ３切れ（30）

ゆでブロッコリー２切れ（5）
きんぴらごぼう１カップ（30）
切りぼし大根１カップ（40）

ウインナー１本（50）
オレンジ６分の１切れ（10）
フライドポテト５本（15）

なすのみそ炒め１カップ（70）
マーボ豆腐１カップ（70）

●それぞれのお弁当のアピールポイントを書こう

1）食べ盛り体育会系高校男子弁当

2）20代女性が喜ぶワクワク弁当

3）お年寄りにやさしいさっぱり弁当

3-20 部活続ける、やめる?

メインアイテム…⑤
サブアイテム……❷⑧⑩

以下のAさんの話を読んで、1) 2) について、考えてみましょう。

今は6月です。中1のAさんは、4月に入った美術部を続けるかどうか迷っています。もともと絵を描くことが好きだったので入部を決めました。同じ学年はAさんを入れて6人、先輩（せんぱい）たちは7人います。運動は苦手だし、好きな絵を描ける少人数の部活でのんびりと活動したかったのですが、同じ中1のBさんのことで困っているのです。Bさんはとても絵がうまく、Aさんの絵をけなすようなことばかり言ってくるのです。部活は週2回なのですが、Bさんに会うたびにいやな気持ちになります。こんなことがこれからも続くなら部活をやめようかと考えるようになりました。

1) あなたがAさんならどんな手段で、このことに対処しますか。

◎やってみたい　○やってみてもいいかも　△やらない

	◎ ○ △	その記号にした理由
顧問（こもん）の先生や担任の先生に相談する		
部活の先輩（せんぱい）や友だちに相談する		
部活以外の友だちに相談する		
親に相談する		
Bさん本人に、いやなことを言わないでほしいことを伝える		
部活をやめる		
その他		

2) もし部活をやめるとしたら、Aさんの「絵を描きたい」「のんびりと活動したい」という希望は、どんな形でかなえることができるでしょうか。考えられることをできるだけたくさん書いてみましょう。

3-21 自分に何が合うのかな
（もしもバイトをするなら）

メインアイテム…❷
サブアイテム……❼

1）もしも、バイトをするなら、あなたはどんなことを大事にしてバイトを選びたいと思いますか？　大事にしたい順に1、2、3と書いてみましょう。

選ぶ基準	大事な順
給料が多い	
友だちができる	
家から近い	
人と接するか、一人でやる仕事かなど	
仕事内容に興味がある	
いろいろな経験をしたい	
忙しすぎない	
その他：	

2）もしも、バイトをするなら、あなたにとって、どちらのほうが選びたい条件ですか。
選びたいほうを○でかこみましょう。

バイトの条件	A	B
お給料の支払い形式	日給制（毎日の支払い）	月給制（1カ月まとめての支払い）
働く場所	屋外	屋内
職場の人と話す割合	少ない	多い
仕事内容1	同じことをやる	その時々でやることが違う
仕事内容2	体力を使う	頭を使う
仕事内容3	直接お客さんとは接しない	接客

3）いろいろな質問に答えてみて、自分がやりたい（やれそうな）仕事はどんなものだと思いますか？　具体的な仕事が思いついたら、今後のために書いておきましょう。

3-22 自分に何が合うのかな
(球技大会)

メインアイテム…❷
サブアイテム……❼

　多くの中学や高校では、球技大会のようなスポーツの行事があります。どの競技に出るかの決め方は、「やりたいものに立候補し、人数がオーバーしたらじゃんけんなどで決める」という場合も多いでしょう。
　自分がどれに出るかを決めるとき、いきあたりばったりではなく事前に考えておくと、自分にあった選択ができるでしょう。

1) 今までのあなたの球技大会やスポーツの行事の体験はどんなものでしたか。
　 ひとつ、思い出して書いてみましょう。

いつ	年生のとき	
出場した競技		
結果	・楽しかった	・楽しくなかった
	・活躍した	・活躍しなかった
	・ミスはしなかった	・ミスをした
覚えていること (参加したときの気持ちなど)		

2) 学校で去年やった、または今年やる競技名を書き入れ、それらについて、あなたの感じ方を強い順に数字を書きましょう（いちばん難しい、いちばん人気が高い、いちばん選手の責任が重いと感じるものから1番2番とする）。

競技名（例；サッカー、バレー、バスケなど）	難しさ	人気の高さ (それに出たい人の多さ)	一人の選手の責任の重さ

3) 2)の中から自分の希望について書いてみましょう。

一番出場したい競技		理由
一番出場したくない競技		理由

今回記入したことを今後の球技大会参加のしかたの参考にしてみましょう。

3-23 話し合いのコツ その1

メインアイテム…❽
サブアイテム……❷⑩

以下の吹き出しは、話し合いをしている様子です。やりとりを読んで、話し合いをしていく場面で大切なことを考えてみましょう。

場面1：【外出先を決める話し合い】

〔Aさんの提案〕

今回はみんなで遊園地に行くのはどうですか？

〔Bさんの意見〕
今回はどうしても水族館に行きたいので水族館以外は反対です。

場面2：【昼食を決める話し合い】

〔Aさんの提案〕

そこで食べるお昼ご飯はおそばにするのはどうですか？

〔Bさんの意見〕
わたしはそばは大きらいなので絶対に無理です。

1）限られた時間の中で、話し合いをするときにより大切なことはどんなことでしょうか。よいと思うことを下から選んで○をつけてください。

①やりたいことや、やりたくないことははっきりと意見を主張し続け、自分の意見が通るまで決してまげないこと	
②相手の意見に対しては反対をせずに、嫌なことやできないことでもすべて我慢をして相手に合わせること	
③思った通りにはならないかもしれないけど、みんなの意見の共通点を考えてまとめたり、どうしてもいやでなければ譲ったりして話し合いを早くまとめること	
④意見が対立する場合は、だまったままでいて相手が意見を変えてくれるのを待つこと	

2）場面1や場面2の話し合いでは、意見がまとまりませんでした。その理由はなぜだと思いますか？

場面1：＿＿＿＿＿＿＿＿＿＿＿＿＿＿＿＿＿＿＿＿＿＿＿＿＿＿＿＿＿＿＿＿＿＿＿

場面2：＿＿＿＿＿＿＿＿＿＿＿＿＿＿＿＿＿＿＿＿＿＿＿＿＿＿＿＿＿＿＿＿＿＿＿

3）限られた時間の中で、何かを決めるときに大切なことはどんなことでしょうか？

＿＿＿＿＿＿＿＿＿＿＿＿＿＿＿＿＿＿＿＿＿＿＿＿＿＿＿＿＿＿＿＿＿＿＿＿＿＿＿

3-24 話し合いのコツ その2

メインアイテム…❽
サブアイテム……❷⓾

　限られた時間の中で、みんなの意見を出しながら話し合いをするコツとして、以下のようなことがあげられます。

- 意見を提案する。「〜はどうですか」と最後に加えるとよりていねいです。
- 意見は押し通し過ぎず、時間などを考えて譲らなければならないときもある。
- 嫌なことや苦手なことに対しては、反対意見を述べてもよいが、その理由や代替案（その代わりのアイデア）を述べる。
- 話し合い中に静かにしている人にも「○○さんはどう思いますか？」など意見を聞く。
- 思いつかなくても意見を求められたら、「考え中です」「○○さんと同じです」などと言う。
- 最終的に多数決やじゃんけんなどで決めることになったときは、決まった内容は決まった内容に不満があっても受け入れる。
- 相手の人が自分の意見を受け入れてくれた場合は、お礼を言う。

1）これらのコツを意識して、話し合いをしてみましょう。

● 話し合いのテーマ（例：外出先、活動の順番、食事の場所など）

_____

● 決まったこと

_____

2）ふり返りチェック表（自分がやってみたことに〇をつけよう）に記入してみよう。

項目	チェック
①みんなへ意見を提案する	
②意見を押し通しすぎず、時間などを考えて妥協する	
③反対意見を述べた際に、理由を説明したり、代替案を提案した	
④静かにしている人にも話を向け、意見を聞いた	
⑤意見が思いつかなくても、意見を求められたら「考え中です」「○○さんと同じです」などと言った	
⑥決まった内容に不満があっても受け入れた	
⑦自分の意見を受け入れてくれた相手にお礼を言った	

3）次回の話し合いに向けてどんなことに気をつけたいですか。

_____

3-25 時間逆算計算の達人になろう

メインアイテム…❸
〔準備物〕

　時間を管理することは、自分の人生を大切に生きることにつながります。やるべきことをやりとげるためにも、人との約束を守るためにも、いつからそのことを始めるかを知っておくことは大切です。また、予想外のことがおきることもあるので多少余裕をもつことも必要です。逆算してスタート時刻を求める練習をしましょう。計算は電卓を使ってよいです。

1）友だちとの待ち合わせの公園まで家から、自転車で20分かかるとします。待ち合わせ時刻は4時半です。何時に家を出ますか？

計算式

答え：

注意ポイントがあれば書いてみましょう。

2）お母さんに5時までに洗たく物をたたんでね、とお願いされました。
　洗たく物をたたむのにかかる時間は約15分かかるとします。最低でも、何時には開始しますか？

計算式

答え：

注意ポイントがあれば書いてみましょう。

3）夜7時に家族で花火大会に出かけます。その前に宿題をすませたいと思います。
　宿題をするためにかかる時間は約30分、身じたくをする時間は約10分かかるとします。
　最低でも、何時には宿題を開始しますか？

計算式

答え：

注意ポイントがあれば書いてみましょう。

4）これから友だちとクリスマスプレゼントを買いに行きます。友だちの家で、午後2時に待ち合わせです。家を出る前にクリスマスツリーを飾っておきたいと思っています。ツリーグッズを出すのに多分20分、飾るには30分以上かかりそうです。友だちの家まで約15分かかります。余裕をもって、何時にはツリーを出すとよいですか？

計算式

答え：

注意ポイントがあれば書いてみましょう。

3-26 すばやく準備しよう

メインアイテム…③④
〔準備物〕

自分の部屋や教室で、以下の物をできるだけ早く準備をしてみましょう。

1) 1回目　下の①〜⑥の物を部屋の中にバラバラにおいてもらいます。
　　合図があったら机の上に6つの物を準備します。時間を測って記録しましょう。

1回目			2回目	
①学校用筆箱		分 秒	①	分 秒
筆箱の中に	②とがったえん筆3本 またはシャープペン 1本と芯		②	
	③とがった赤えん筆1本		③	
	④消しゴム1こ		④	
⑤算数（数学）の教科書			⑤	
⑥社会のノート （＋いつも使っている 人は資料やファイルも）			⑥	

2) もう1回やってもらいます。よりはやく準備ができるように、部屋や
　　文房具を整理しておきましょう。整理タイムは10分です。

〔整理タイムでおこなったことを書きましょう〕

3) 2回目　別の物をできるだけ早く準備します。
　　合図があったら始めます。時間を測って記録しましょう。

〔ひとこと感想〕

3-27 スケジュール管理アイデア
「優先順位スケジュールボード」制作

メインアイテム…❸
サブアイテム
　　　…❶❷❹❻❾
〔準備物〕

　学校から帰ってきてから寝るまでに、毎日おこなうことがスムーズにできるようにスケジュールボードを作ってみましょう。

[用意するもの]
- A4からB4サイズ程度のミニホワイトボード（1枚）
- 切れる磁石シート（1枚）　・油性ペン
- ホワイトボードサイズの好きな絵や写真
- マグネットシートをしまう箱　・セロテープ

1）作ってみます。
①学校から帰って、寝るまでに必ずおこなわないといけないこと（学校に関することだけにしぼってもよいです）をリストアップします。
　例えば、制服を脱いでかける。お弁当箱を流しに出す。くつ下、ハンカチを洗たくかごに入れる。かばんから教科書、ノート、ファイル、資料集などを出し、決まった場所にしまう。宿題をする。配付物を親に渡す。予習をする。明日の準備をする。筆記用具の点検。ハンカチを入れる。特別な持ち物を玄関に置くなど。
②切れる磁石シートを5センチ×10センチ幅程度に、おこなうことの数＋α（増えてもいいように少し多めの数）、10枚程度にカットします。
③それぞれのシートにリストアップしたことを書きます。
④ミニホワイトボードの上に、好きな絵や写真を載せ、飛んだり落ちたりしないようにはじをセロテープでとめておきます。複数用意しておき、気分によって変えても楽しいでしょう。
　その上にどの順番でおこなうのがよいか考えてシートをはっていきます。　完成！

2）使ってみます。
①帰宅後、シートの項目を終えたらシートを箱にしまいます。
②すべて終わったら、好きな絵や写真が見られます。

作ってみた感想	
家族からのコメント	

3）続けてみます。
　まず、2週間チャレンジしてみましょう。使い心地を2週間後にチェックしよう。
〔大満足 10点　／　まあよかった 5点　／　よくわからない 1点〕

使いこなせましたか？	・10点　・5点　・1点
帰宅後の動きがスムーズになりましたか？	・10点　・5点　・1点
家の人に言われる前に、動けるようになりましたか？	・10点　・5点　・1点
合　計	／30点

★30点…優先順位マスターです／15点〜29点…続けてみよう／15点以下…使い方を見直してみよう。
　もう1週間実践してみよう！　ファイト

3-28 どっちが見やすい？

メインアイテム…④

1）下のAとBのうち、見やすくてわかりやすいパッケージのほうを○でかこみましょう。

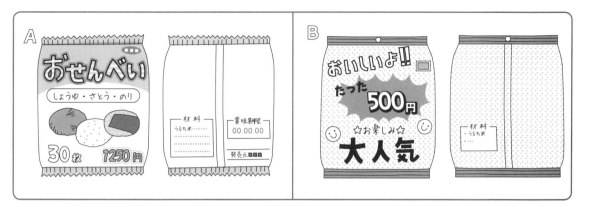

2）どうして見やすくてわかりやすいと思いましたか。理由を書きましょう。

3）今度はあなたが見やすくてわかりやすいパッケージを作ってみましょう。

商品の情報	わかりやすいパッケージを描こう
・チョコレート ・ピーナッツが入っている ・手に持ってもとけず、口に入れたときにとけ始める ・5色の色 ・かわいいハート型の箱に入っている ・値段は、250円 ・賞味期限（しょうみ） 20△△年10月31日 ・材料　さとう・カカオマス・全粒粉（ぜんりゅうふん）・ココアパウダー・ピーナッツ…	（表）　　　　　　　　（裏）

●やってみた感想

3-29 心地よい部屋づくりシミュレーション

メインアイテム…❹
〔準備物〕

1）自分の部屋を思い出してみましょう。「家具の絵①」を切って、「自分の部屋の見取り図」にはったり、絵で描いてみたりしましょう。ドアや窓の場所も描き込みましょう。

例）

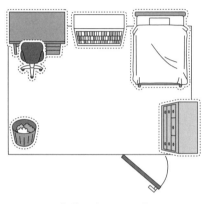

自分の部屋の見取り図

家具の絵①

 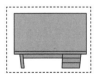    

2）今の自分の部屋の「よいところ・気に入っているところ」（例えば、窓が広くて明るい、お気に入りのイスがあるなど）と「不満や不便があるところ」（例えば、すぐちらかってしまう、ベッドが小さいなど）を下の表に書いてみましょう。

よいところ、気に入っているところ	不満や不便があるところ

3）「家具の絵②」を切って、「理想の部屋の見取り図」にはったり、絵で描いたりしてみましょう。ドアや窓の場所も描き込みましょう。

理想の部屋の見取り図

家具の絵②

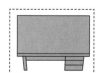

3-30 心地よい街（まち）づくりシミュレーション

メインアイテム…❹
〔準備物〕

1）家の周りや住んでいる街を思い出して道を描いてみましょう。それから「建物・施設（しせつ）①」を切って、「わたしの街」にはったり、絵で描いてみましょう。

例）

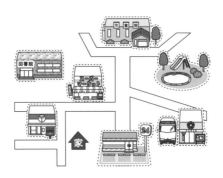

わたしの街

建物・施設（しせつ）①

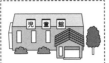

3-30 心地よい街づくりシミュレーション

2）自分の街の「よいところ・気に入っているところ」（例えば、公園が広い、コンビニがたくさんあるなど）や「不満や不便があるところ」（例えば、駅の駐輪場（ちゅうりんじょう）が狭い、レンタルビデオ屋さんが家から遠いなど）を、考えて書いてみましょう。また、街を見て、まだ行っていないけれど、「これから行ってみたい場所」があれば、それも書いてみましょう。

よいところ、気に入っているところ	不満や不便があるところ	これから行ってみたいところ

3）「建物・施設（しせつ）②」を切って、「理想の街（まち）」にはってみましょう。道路は描き込みましょう。

理想の街

建物・施設（しせつ）②

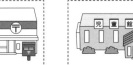 

3-31 捨てる、捨てないの判断基準（はんだんきじゅん）

メインアイテム…④
サブアイテム……⑧

　物が少ないと部屋や机の上を広々使うことができるし、使いたいものをすぐ見つけることができます。でも、すきな物はたくさんほしいし、思い出のあるものはとっておきたいと思う人も多いでしょう。

　自分なりの「捨てる、捨てないの判断基準」（捨てるかとっておくかのルール）を決めておくとよいですね。例を参考にしてどんなタイミングで捨てる、またはバザーやリサイクルショップに出す、買い替えるか考えてみましょう。

1）勉強道具（教科書・ノート・ファイル・テスト）、文房具（ぶんぼうぐ）（筆箱・かばん）など

何を	いつ	どうする？ ・捨てる　・バザーに出す　・とっておく ・リサイクルショップに出す　・買い替える
例) テストのプリント	その学年が終わったら	捨てる

2）食べ物・飲み物（飲みきれなかったジュース、パン、未開封（みかいふう）の駄菓子（だがし）、開けてしまったスナックなど）

何を	いつ	どうする？ ・捨てる　・バザーに出す　・とっておく ・リサイクルショップに出す　・買い替える
例) 食べきれなかった ポテト	その日のうちに	捨てる

3-31 捨てる、捨てないの判断基準

3）衣類（シャツ・トレーナー・くつ下・くつ）、タオルなど

何を	いつ	どうする？ ・捨てる　・バザーに出す　・とっておく ・リサイクルショップに出す　・買い替える
例）くつ下	あながあいたり、うすく なったら	捨てて、新しく買う

4）マンガ・ゲーム・カードなど好きなもの、集めているものなど

何を	いつ	どうする？ ・捨てる　・バザーに出す　・とっておく ・リサイクルショップに出す　・買い替える
例） トレーディング カード	カードケースがいっぱいに なったら	バザーに出す

5）自分の作品や記念品、メダル、賞状、アルバム

何を	いつ	どうする？ ・捨てる　・バザーに出す　・とっておく ・リサイクルショップに出す　・買い替える
例） 入賞した絵		捨てないで、額に入れてとっておく

3-32 外出先に合わせた移動手段

メインアイテム…④
サブアイテム……⑬

外出先に向かうためには、さまざまな移動手段があります。

1）それぞれの移動手段ごとに、移動にかかる時間やかかるお金、使う体力は異なります。それぞれの移動手段の長所や短所について考えて書いてみましょう。

移動手段	長　所	短　所
徒歩（とほ）		
自転車		
車（送ってもらう）		
バス		
電車		
タクシー		

2）1）で考えたことを参考にして以下のようなときに、どの移動手段を選びますか。理由も含めて考えましょう。

①自宅から最寄り駅までの移動。歩くと20分。道は平らで人通りがある、自宅近くに駅行きのバス停がある。バスは5分に1本ほど停まる。5月で天気は晴れている。

●移動手段：＿＿＿＿＿＿　その理由：＿＿＿＿＿＿＿＿＿＿＿＿＿＿＿

②自宅から近所のコンビニへ文房具（ぶんぼうぐ）を買いに行く。歩いて10分位の距離。夏休みの暑い昼の日。

●移動手段：＿＿＿＿＿＿　その理由：＿＿＿＿＿＿＿＿＿＿＿＿＿＿＿

③自転車でも1時間はかかるイベント会場で朝7時に待ち合わせ。起きた時間は6時40分、寝坊（ねぼう）してしまった。

●移動手段：＿＿＿＿＿＿　その理由：＿＿＿＿＿＿＿＿＿＿＿＿＿＿＿

④はじめて降りた駅から博物館までの移動。スマートフォンなどで地図を見ながら行けば歩いて10分くらいで着けそう。その駅前にはロータリーがあり、博物館前で停まるバスやタクシーでも行ける。特に待ち合わせはしていない。

●移動手段：＿＿＿＿＿＿　その理由：＿＿＿＿＿＿＿＿＿＿＿＿＿＿＿

⑤はじめていく大型スポーツ店。部活の仲間たちと行く予定。徒歩5分の最寄駅から電車に乗っても、自宅近くのバス停からでも行ける場所。バスのほうが安いが、電車より10分以上時間はかかる。

●移動手段：＿＿＿＿＿＿　その理由：＿＿＿＿＿＿＿＿＿＿＿＿＿＿＿

3-33 在庫チェックをしてみよう

メインアイテム…④
サブアイテム……⑦
[準備物]

普段、何気なく使っている物の中に「消耗品」とよばれるものがあります。「消耗品」とは、えん筆や歯みがき粉のように使っていくとなくなっていくもののことです。

1）使いたいときに、それがなくて困ることがないように、自分の消耗品の在庫チェックをしてみましょう。⑦⑧にはよく使っていて、なくなると困るものを書いて点検してみましょう。

消耗品	今、使っているものの残り具合	購入の必要
①えん筆、またはシャーペンの芯	・たくさんある　・少なめ　・なくなっている 予備が　・ある・ない	・有　・無
②国語のノートの残りのページ	・たくさんある　・少なめ　・なくなっている 予備が　・ある・ない	・有　・無
③のり	・たくさんある　・少なめ　・なくなっている 予備が　・ある・ない	・有　・無
④ホッチキスの芯	・たくさんある　・少なめ　・なくなっている 予備が　・ある・ない	・有　・無
⑤セロテープ	・たくさんある　・少なめ　・なくなっている 予備が　・ある・ない	・有　・無
⑥色えん筆・絵の具	・新しい　・少なめ　・なくなっている 予備が　・ある・ない	・有　・無
⑦その他（　　　）	・たくさんある　・少なめ　・なくなっている 予備が　・ある・ない	・有　・無
⑧その他（　　　）	・たくさんある　・少なめ　・なくなっている 予備が　・ある・ない	・有　・無

2）買う必要のある消耗品があった場合は、下の表に番号を書き、だれがいつどこで買うかも書き入れましょう。

買う必要のあるもの	だれが買いますか	いつ買いますか	どこで買いますか

3）次回の在庫チェックは、いつごろおこなうことにしますか。

　　　　ごろ

3-34 SOSは、いつ出すの？

メインアイテム…⑤

　困ったときはSOSを出すことが大事だとはわかっているけれど、いつ、どのタイミングで、だれに出せばいいのかわからない人も多いようです。SOSを出すタイミングを練習しましょう。

1）[練習] Aさんは校外学習のしおりのイラスト担当になりました。Aさんの班はだれもやりたがらず、Aさんはじゃんけんで負けてしまいました。1週間で仕上げなくてはなりませんが、苦手な分野なのでアイデアがまったく浮かびません。

①AさんはいつSOSを出せばよいでしょうか。SOSを出すといいときに〇をしましょう。

担当が決まってすぐ	その日の放課後	2日目の朝	期日前日の朝	提出のとき

②そのタイミングを選んだ理由を書きましょう。

③まず、だれに言えばよいでしょうか。言う順に1、2…と番号を書きましょう。

他の班のしおり担当の子	同じ班の違う担当の子	一番話しやすい友だち	先生	家族

④その人を1番にした理由を書きましょう。

⑤どのようにSOSを出せばいいでしょうか。セリフを考えて書きましょう。

『　　　　　　　　　　　　　　　　　　　　　　　　　　　　　　　　　　　　』

2）[実践] SOSをチェック　困った場面で「SOS」を使ってみましょう。まず1回実践してみましょう。

いつ	どこで	だれに、どんなSOSを出したか？	結果
例）日曜	自転車屋で	家に帰る前に自転車がパンクしたので、よく行く自転車屋に寄って、修理代を後で持ってくるからと言い、直してもらった。	「いいよ」と言ってくれたので助かった。
いつ	どこで	だれに、どんなSOSを出したか？	結果

●やってみた感想

3-35 みんながだれかを頼っている

メインアイテム…⑤

　自分1人ではできないことを、だれかに手伝ってもらったり、教えてもらったりすることはあたり前のことです。
　他の人を上手に頼れるようになるために、まずは身近な大人がどんなことを手伝ってもらった経験をしているのか、インタビューをしてみましょう。

1) インタビューをしてみよう。　　答えてくれた方の名前（　　　　　　　　　　　　）

「①いつ　②だれに　③どんなことを手伝ってもらったこと（助けてもらったこと）がありますか、ひとつ教えてください　④なぜそれを手伝ってもらったのですか　⑤その時の気持ちを教えてください　⑥感謝の気持ちをどのように伝えましたか」

どちらかに○
①いつ　（・学生のころ　・働くようになってから）
②だれに
③どんなことを手伝って（助けて）もらいましたか
④なぜ手伝って（助けて）もらったのですか
⑤手伝って（助けて）もらったときの気持ちを教えてください
⑥感謝の気持ちをどのように伝えましたか

「インタビューに、答えてくれてありがとうございました」

2) 話を聞いたあなたの感想を書きましょう。

3) 助けてもらったときには、感謝を伝えます。なぜ、それが大事なのでしょうか。

3-36 忘れない工夫

メインアイテム…❻
〔準備物〕

　生活の中では、忘れてはいけないことがたくさんあります。でも、覚えられることの限界もあります。覚えられないとなげくより、忘れてしまっても困らないように、また忘れても思い出しやすいように工夫することが大事です。

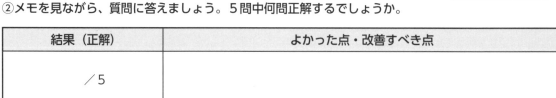

1）メモを取る練習をしてみましょう。
[用意するもの] 紙とえん筆
①読み上げ文をだれかに読んでもらいながら、メモをとってみましょう。
②メモを見ながら、質問に答えましょう。5問中何問正解するでしょうか。

結果（正解）	よかった点・改善すべき点
／5	

2）その場に紙がないのでメモが取れない場合、どうしたらいいでしょうか。

こんな工夫をしてみましょう
・「いつ」「どこで」「何をするのか」を注意して聞く（言われたことをくり返す） ・数を覚えておく（指を使う、数字を頭の中で書く） ・頭文字を覚えておく（みかん、じゃがいも、牛乳→「み・じ・ぎゅ」） ・映像などで連想して覚える ・オリジナル作戦（　　　　　　　　　　　　　　　　　　　　）

①読み上げ文をだれかに読んでもらいましょう。
　聞きながら覚える工夫をしてみよう。

②質問に答えましょう。5問中何問正解するでしょうか。

結果（正解）	よかった点・改善すべき点
／5	

● **ひとこと感想**

3-37 自分に合ったメモの取り方

メインアイテム…❻
[準備物]

覚えられないことはメモを活用すると便利です。

①メモをフル活用するためには、自分に合ったメモの取り方を見つけましょう。
　↓
②メモを取った後は、内容を確認しましょう。
　↓
③やることや期日を忘れないようにするために、どんなことをしたらよいかも考えましょう。

1）自分に向いていると思うものに○をつけましょう。

①メモの種類	・ノートや手帳　・付せん　・電子機器などのメモ機能 ・その他（　　　　　　　　　　　　　　　　）
②メモの大きさ	・ポケットに入るような小さくてコンパクトなもの ・見やすくわかりやすくするためにノートくらいの大きさ
③メモの取り方	・なるべくすべてのことを書く ・全部は書かず、自分でポイントを考えて省略（しょうりゃく）しながらメモを取る ・電子機器のカメラ機能を使って写真に撮る ・電子機器の音声メモを使って録音する
④期限の記入	・やることの期限は覚えられるのでメモには残さない ・やることの期限も含めてメモを取る
⑤メモが取り切れなかったときは？	・もう一度、聞きに行ったり、見に行ったりして確認する ・知ってそうな人に聞いて確認する
⑥メモした内容を忘れないために	・自分の目に触れる場所（　　　　　　　　　）にメモをはっておく ・携帯のタイマーを設定し、期日に近くになったら鳴るようにする ・やることリストを書きだして、しめきり日を書いておく ・やることを内容（宿題、習い事など）別に分けておく ・カレンダーや手帳などの日にちにしめ切りのことを書いておく ・毎日決まった時刻にメモしたことを見直す

2）上のやり方から自分に合ったやり方を書いてみましょう。

例）大きめの手帳にポイントだけを書く。やることリストをつくり、提出期限はそこに書く。

3）実際に1週間やってみて、その効果をふり返ってみましょう。

　　始めた日　　　　　月　　　　日　　ふり返りの予定日　　　　　月　　　　日

●ひとこと感想

3-38 覚えにくいこと・忘れてしまうことへの対処法

メインアイテム…❻

興味が持てないことは、なかなか覚えられないし、覚えてもすぐに忘れてしまいがちです。それでも覚えておかないといけないこともあります。また、ついうっかり忘れてしまうこともあります。自分にとって覚えにくいことや忘れやすいことは何かを知り、忘れないようにするための対処のしかたを考えましょう。

1) あなたにとって覚えにくいことや忘れやすいことはどんなことですか？　あてはまるものの記号に○をつけましょう。

（ア）やること［機械や道具の扱い方・調理・ネクタイやひもの結び方など細かい作業］の手順 （イ）人やもの、場所などの名前　（ウ）学習内容［算数数学の公式・漢字・英単語・社会・理科・その他：　　　　　　］　（エ）親や先生に言われてやること　（オ）数や番号　（カ）持ち物、置き場所 （キ）その他［　　　　　　　　　　　　　　　　　　　　　　　　　　　　　　　　　　　　］

2) これらのことを忘れてしまうことで、どんなデメリット（よくないこと）があるでしょうか。1) で○をつけた記号や覚えるのが苦手なものを書いて、そのデメリットを考えて書きましょう。

覚えにくいこと（記号）	デメリット

3) 2) のことを覚えられたら、どんなメリット（よいこと）がありそうでしょうか。考えて書きましょう。

覚えにくいこと（記号）	メリット

4) あなたが覚えることが苦手なことを、忘れないようにするために、またついうっかり忘れを減らすための方法を以下から選んで、やってみましょう。

覚え方	記号
①くり返し言ってみる	
②ごろ合わせやストーリーにして覚える	
③書いたもの（メモやノート）をくり返し見る、色や模様などで印象づける	
④よく見えるところ（　　　　　　　　　　　　）に書いてはっておく、置いておく	
⑤覚えておくことを絵や写真などの映像として覚える	
⑥すべてではなく、覚えることばの最初の1、2文字を覚える	
⑦指や体を使ったり、リズムに合わせて覚える	
⑧「あとで」ではなく、すぐにやる	
⑨点検、確認の時間をつくる	
⑩その他（　　　　　　　　　　　　　　　　　　　　　　　　　）	

5) あなたには、どれがうまくいきそうですか。

「　　　　　　　　　　　　　　」に対しては	覚え方	番がよさそう
「　　　　　　　　　　　　　　」に対しては	覚え方	番がよさそう

3-39 順番を考えよう その1（調理編）

メインアイテム…❶
サブアイテム……❾
[準備物]

1) 以下のBさんのカレー作りのお話を読んで、「これは失敗だ！」とか、「これは困った！」と思うところに線を引きましょう。

　Bさんはまず冷蔵庫からお肉を出して切りました。そしてお鍋（なべ）に油を入れて、火をつけ、お肉を炒（いた）めました。「あっ！　野菜を切るの忘れてた〜」Bさんはいったん、火を止め野菜を切り始めました。大急ぎで玉ねぎを切り、にんじんの皮をむこうとしたとき、先週ピーラーが壊（こわ）れてしまったことを思い出しました。「えー、包丁で皮をむくのは苦手だ」と大パニックになりました。じゃがいもの皮も包丁ではむけないBさんは、「えぃ」と思い立って、スーパーに皮むき器を買いに走りました。何とかにんじんとじゃがいもを切ったところで、もう一度火をつけて、肉、野菜の順番で炒（いた）めました。その後、水を入れて煮（に）込みました。20分ほど煮（に）込んだときに「あっ！　ルーがない」。あわてて、火を止めルーを買いにまたスーパーに走りました。ようやくルーを入れて、おいしいカレーのできあがりです。お皿にご飯をもってカレーをかけようとしたとき、「あっ！　ご飯たくの忘れてた！」

[完]

2) Bさんがうまくいくためのアドバイスをしてあげてください。

| |
| |
| |

調理や工作などの作業をするときは
● まず、どんな材料や道具が必要か考え、書きだし、そろっているかチェックをしましょう。
● 次にどのような順番でやるとよいのか、想像しながら手順を考えましょう。
● 忘れないために、メモをしておきましょう。

95

3-40 順番を考えよう その2（工作編）

メインアイテム…❶❼
〔準備物〕

これから ｜送りたい人の名まえ｜ ＿＿＿＿＿＿＿＿＿＿＿さんへのバースデーカードを作りたいと思います。

完成図を見て、材料、道具を選び、手順表を作ってみましょう。手順表が完成したら、カードを作ってみましょう。

1）必要な材料を○でかこみましょう。

・牛乳パック　・段ボール　・ビーズ　・色画用紙　・発砲スチロール　・輪ゴム

2）必要な道具を○でかこみましょう。

・はさみ　・のり　・セロテープ　・木工用ボンド　・ホッチキス　・定規（じょうぎ）　・ピンセット　・色えん筆

3）手順表を作ってみましょう。下の選択シートを切り取って、はって完成させます。

1	
2	
3	
4	
5	
6	プレゼントしてみましょう。

●選択シート

星かハートの用紙を切り取って、メッセージを書く。
メッセージカードを内側の四角にはりつける。
台紙を開いて、内側に四角が飛び出すように折り目を入れる。
台紙を切り取る。
台紙を半分に折って、印のところから縦に3センチ切り目を入れる。

3-41 気をつけるべきことは何かな?

メインアイテム…❼

以下の問題に答えましょう。

1) 放課後です。Aさんが帰る前にすべきことはなんでしょう。考えて書いてみましょう。

Aさんのすべきこと

2) 教室風景です。Bさんがのびをする前にすべきことはなんでしょう。考えて書いてみましょう。

Bさんのすべきこと

3-42 計画変更！

メインアイテム…⑧
サブアイテム……⑩

1）以下のような場合、あなたならどうするかを考えて、①～③の中から選び、理由も書きましょう。

> Aさんは、7時くらいまでに、夕飯に豚汁をつくっておくように母親から頼まれていました。母親は、豚汁が好きです。Aさんは、時間に間に合うように、さといも、にんじん、ねぎなどの野菜を切って、準備し、肉と一緒に炒めました。それから、水を入れて、煮込んでいるときに、みそを探しました。しかし、どこにも、見当たらずにあせりました。冷蔵庫の中は、下の絵のようでした。今は、6時45分です。

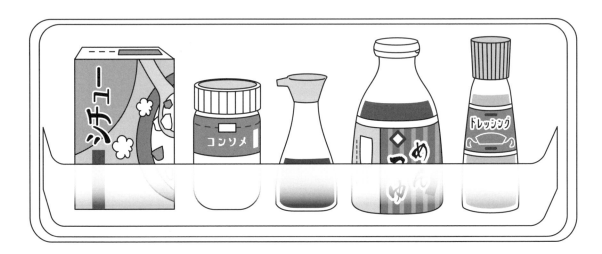

①シチューにする。	②肉じゃがにする。	③みそをコンビニ（家から徒歩5分）に買いに行く。
番　　　　理由		

2）①～③のほかには、どのような計画変更のアイデアがあるか、考えてみましょう。

3-43 これがないとき、何で代用する？ その1

メインアイテム…⑧

あると思っていたものがないときや、必要なものがないときは、あわててしまいますね。そんなときは、代用（かわりのもので対応）する方法を考えてみましょう。

1) 学校で調べもの学習をしています。資料の中から必要なところを切り取り、模造紙にはりつけるところですが、はさみがありません！ 調べもの学習を完成させるために、以下の（ア）〜（エ）の何を、どのように使って代用しますか。

● （ア）下じき　（イ）定規（じょうぎ）　（ウ）のり　（エ）消しゴム

何を使いますか？　□□□□□

どのように使いますか？ ＿＿＿＿＿＿＿＿＿＿＿＿＿＿＿＿＿＿＿＿＿＿＿＿＿

2) 来週からテストがはじまります。テスト範囲のメモを取るためのメモ帳を探してみましたが、どこにも見つかりません。テスト範囲をメモするために、以下の（ア）〜（エ）の何を、どのように使って代用しますか。

● （ア）下じき　（イ）ティッシュ　（ウ）教科のノート　（エ）プリント類

何を使いますか？　□□□□□

どのように使いますか？ ＿＿＿＿＿＿＿＿＿＿＿＿＿＿＿＿＿＿＿＿＿＿＿＿＿

3) 調理実習でポテトチップを作りました。食べるときは、紙皿の上にそれぞれポテトチップを配って食べますが、持ってきたと思っていた紙皿がありません。ポテトチップを食べるために、以下の（ア）〜（エ）の何を、どのように使って代用しますか。

● （ア）下じき　（イ）ティッシュ　（ウ）教科のノート　（エ）プリント類

何を使いますか？　□□□□□

どのように使いますか？ ＿＿＿＿＿＿＿＿＿＿＿＿＿＿＿＿＿＿＿＿＿＿＿＿＿

3-44 これがないとき、何で代用する？ その2

メインアイテム…❽

あると思っていたものがないときや、必要なものがないときは、あわててしまいますね。そんなときどうするのか、できるだけたくさんの代わりの方法を考えてみましょう。
（自分のかばんの中に入っているものを思い出したり、その場の状況を想像して考えてみましょう）

1）今日は、クラブの練習試合で、他の学校の体育館に来ています。お弁当箱を開いたら、おはしが入っていません。こんなときどうする？

2）バスの時刻をメモしようと出かけたけれど、手帳を忘れた！　こんなときどうする？

3）登校中に針金に指をひっかけて血が出てしまった！　ばんそうこうを持っていない。こんなときどうする？

4）家に帰る途中、学校の近くのコンビニで買い物して外に出たら、雨が激しく降っている。かさがない！　こんなときどうする？

3-45 緊急事態に対処せよ！

メインアイテム…❽

　予定通りに物事が進まなくなることは、よくあることです。そんなときは、ついあわてたり、イライラしてしまいます。でもあらかじめ、緊急事態を考えて、いざ、そういったことが起きたときに落ち着いて対応ができるように心の準備をしておくと安心です。

　以下のようなときに、あなたならどうしますか。（ア）〜（エ）の選択肢の中から自分ならこうする、というものに○をつけ、選んだ理由も書きましょう。○は、いくつつけてもよいです。

1）電車登校中、電車が急に止まり、いつ出発するかわかりません。このままだと、学校に遅刻してしまいそうです。

（ア）駅で遅延証明書(ちえんしょうめいしょ)をもらう　（イ）学校に連絡をする　（ウ）駅員さんに確認する
（エ）その他（　　　　　　　　　　　　　　　　　　　）
選んだ理由：＿＿＿＿＿＿＿＿＿＿＿＿＿＿＿＿＿＿＿＿＿＿＿＿＿＿＿＿＿＿＿＿＿＿＿＿

2）運動会で自分が出る種目の直前に、急におなかが痛くなった。

（ア）がまんして走る　（イ）ほかの人に頼む　（ウ）だれか（　　　　　　　）に相談する
（エ）その他（　　　　　　　　　　　　　　　　　　　）
選んだ理由：＿＿＿＿＿＿＿＿＿＿＿＿＿＿＿＿＿＿＿＿＿＿＿＿＿＿＿＿＿＿＿＿＿＿＿＿

3）今日、けがをしてしまい、利き手(き)の手首に包帯(ほうたい)を巻いています。お風呂に入るときどうしよう。

（ア）包帯を外して入る　（イ）ビニール袋などで、手首をカバーする　（ウ）お風呂に入らない
（エ）その他（　　　　　　　　　　　　　　　　　　　）
選んだ理由：＿＿＿＿＿＿＿＿＿＿＿＿＿＿＿＿＿＿＿＿＿＿＿＿＿＿＿＿＿＿＿＿＿＿＿＿

4）今日の体育で必要な運動ぐつ。昨日、洗ったので、まだ乾いていません。代わりのくつもありません。

（ア）乾いていないが運動ぐつを持っていく　（イ）ほかの人に借りる　（ウ）体育を休む
（エ）その他（　　　　　　　　　　　　　　　　　　　　　　　）
選んだ理由：＿＿＿＿＿＿＿＿＿＿＿＿＿＿＿＿＿＿＿＿＿＿＿＿＿＿＿＿＿＿＿＿＿＿＿＿

3-46 未来を変えるには？

メインアイテム…⑧

1）以下に4つの場面があります。それぞれの4コマ目に入る絵は、右の中の(A)〜(D)のどれでしょう。

時間の流れ ➡ 1コマ目	➡ 2コマ目	➡ 3コマ目	4コマ目	最悪の事態
①ICカードをタッチして駅に入る	ICカードをかばんの外ポケットに入れる	人にぶつかってかばんを落とす		(A)家で母が怒っている
②テスト中に消しゴムをひじで落とす	消しゴムが落ちて転がる	書きまちがえる		(B)友だちに「どろぼう」と言われる
③スーパーで買うものを母から聞く	同じ種類ごとに分けずに、雑にメモをする	あっちこっちと動き回り、すごく時間がかかる		(C)消せなくて困る
④友だちの定規がかっこいいと思う	こっそり借りる	借りたまま、うっかり持ち帰る		(D)改札でICカードがないことに気づきあせる

2）4コマ目のような最悪のことが起こらないためには、2コマ目で、どうすればよいか考えて書いてみましょう。

①ICカードをタッチして駅に入る	
②テスト中に消しゴムをひじで落とす	
③スーパーで買うものを母から聞く	
④友だちの定規がかっこいいと思う	

102

3-47 想定内練習をしよう

メインアイテム…❽

「想定内練習」とは…「次に起こるかもしれないこと」をたくさん考えておくことです。

次の次まで考えておくと、実際に「嫌なこと」が起こったときにも「まあ、考えていた範囲だから」と思って余裕をもって対応でき、次の行動を考えておくことで「じゃあ、こうしよう」と余裕を持って行動できます。

危機管理といって、避難訓練、防災訓練などもそれにあたります。

次の出来事の先に、起こりそうなことを、予想して「あ～さ」に記入してみましょう。答えは1つではありません。

1）習い事の帰りの出来事

習い事が終わり、午後5時に電車に乗るためにホームにいるところ	そして…	電車が定刻通り出発する	⇒	定刻通り最寄り駅に着く	⇒	時間通り帰宅
				事故があり電車が止まる。復旧に30分かかる	⇒	あ
		忘れ物に気づく	⇒	い	⇒	う
				え	⇒	お

2）ある日の家での出来事

学校から帰り、宿題をしようとしているところ	そして…	自分が思っていたペースでどんどんはかどる	⇒	予定より早く宿題が終わる	⇒	か
				約束はしていない友だちが遊ぼう、と家に来る	⇒	き
		ちょっと休けい、とうっかりテレビをつけたら見たかったアニメの再放送をやっていた	⇒	く	⇒	け
				こ	⇒	さ

103

3-48 失敗対処法 その1

メインアイテム…❼❽
サブアイテム……❿

　失敗することは、だれにでもあるものです。そのことで人に迷惑をかけたり、指摘されたりすることもあるでしょう。大事なことは「同じ失敗をできるだけしないこと」です。同じ失敗をくり返さないために次のような場合、どうしたらいいか考えてみましょう。

1）友だち数人と、遊びに行くことになっていました。けれど、思ったより準備に時間がかかり乗ろうと待っていた電車の出発時間も乱れていたので、集合時刻に20分遅刻し、連絡もしなかったので友だちを怒らせてしまいました。

今後同じ失敗をしないためにできそうなこと	時間について①：
	時間について②：
	連絡について：

2）あなたは中学生です。あなたのクラスの先生が、夏休みに交通事故にあい、入院しました。そこで、クラスのみんなと先生が入院している大きな総合病院に、お見舞いに行くことになりました。集合場所の駅の改札へ行くと、他の人はみんな制服姿なのに、自分だけ半そで、短パン、ビーチサンダル姿で行ってしまいました。あなたは「やっちゃった…」と思いました。

| 今後同じ失敗をしないためにできそうなこと | 事前に確認しておくとよいことは： |
| | その場で気づいたら： |

3）あなたは中学1年生です。部活は吹奏楽部です。もうすぐ文化祭があるため、毎日練習しています。ある日あなたは体調が悪く、弾きまちがいが続きました。気持ちもイライラしてきました。そんなあなたを見て、先輩が「落ち着いてやったほうがいいよ」と声をかけてきました。そのことばを聞いて、あなたはさらにイライラしてしまい、「わかってますよ!!」と大声で言い返してしまいました。すぐにあなたは「しまった…」と思いました。

| 今後同じ失敗をしないためにできそうなこと | 体調の悪いときは： |
| | イライラしていても： |

3-49 失敗対処法 その2

メインアイテム…❼❽
サブアイテム……❿

　失敗することはだれにでもあるものです。そのことで人に迷惑をかけたり、指摘されたりすることもあるでしょう。大事なことは「同じ失敗をできるだけしないこと」です。同じ失敗をくり返さないために、次のような場合、どうしたらいいか考えてみましょう。

1）修学旅行についての、とても大切な書類を家に忘れての提出期限に間に合いませんでした。先生から「もう修学旅行にはこなくていい」と強く言われてしまいました。

失敗したときの対処法と同じ失敗をしないためにできそうなこと	怒られて嫌な気分でも：
	忘れた書類は：
	これからは期限を忘れないように：

2）いつも気が合う、仲のいい友達に、つい「Ａくんってさ～、字が下手だよね」と言ってしまいました。それっきりＡくんは学校で話しかけてくれなくなってしまいました。

失敗したときの対処法と同じ失敗をしないためにできそうなこと	後からでもいいので：
	もし許してくれなくても：
	これからは話すときは口に出す前に：

3）あなたはクラスの「国語係」です。国語係は、国語の授業の前に、先生の所へ行って、準備するものがあるかなどを、先生にたずねます。ところがあなたは３回連続で、先生のところに行き忘れ、他の子にプリントを運ぶなどの仕事をやってもらいました。

失敗したときの対処法と同じ失敗をしないためにできそうなこと	先生と他の子に：
	他の子の仕事を：
	国語係の仕事を忘れないように：

3-50 2分間やり続けよう その1
(やってみよう)

メインアイテム…⑨
サブアイテム……③⑩
〔準備物〕

　以下の問題を、2分間続けてやってみましょう。
　合図とともに1番上の段の左端から右端に向かって50、49、48、47と順番に書いてください。2段目は40、39、38と書いていき、01まで書けたらまた50から順に書いてください（ひとケタの数は、09、08、07・・・と十の位に0をつけてください）。

| 5 | 0 | 4 | 9 | 4 | 8 | 4 | 7 | | | | | | | | |

お疲れ様でした！

3-51 2分間やり続けよう その2
（もっと早く書くには？）

メインアイテム…❼❽❾
サブアイテム……❸❿
〔準備物〕

　もう一度、同じことをやってもらいます。1回目より多く書くことをめざしてください。今度は、どこから書き始めてもいいです。さっきのワークシートを見直して、どうしたら早く書けるか作戦を立ててから始めてください。

5	0	4	9	4	8	4	7								

どんな作戦をたてましたか _____　　作戦は・成功・失敗

3-52 自分にあった続け方は？

メインアイテム…❸❾
サブアイテム……❶
〔準備物〕

これから神経衰弱（すいじゃく）ゲームのカード作りをしてもらいます。作業時間は休けいも入れ、35分程度です。

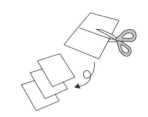

1）あなたはパターン1～3の中のどの時間計画で作業したいですか。やりたいパターンを選びましょう。

	パターン1《一気に進める！》		パターン2《半分で休けい！》		パターン3《細かく休けい！》
30分間	①厚紙で台紙作り 厚紙に定規で線を引く。（たて10cm　よこ7cm）線にそって、はさみで切る。 ②カードにはる絵の準備 5種類のマークごとに色を決めて、色えん筆でぬる。線にそって、はさみで切る。 ③絵カードの完成 マークの紙をのりで厚紙にはる。はがれないか見直ししたり、確認をして、道具の片づけをする。	20分間	①厚紙で台紙作り 厚紙に定規で線を引く。（たて10cm　よこ7cm）線にそって、はさみで切る。 ②カードにはる絵の準備 5種類のマークごとに色を決めて、色えん筆でぬる。線にそって、はさみで切る。	10分間	①厚紙で台紙作り 厚紙に定規で線を引く。（たて10cm　よこ7cm）線にそって、はさみで切る。
				3分間	休けい
				10分間	②カードにはる絵の準備 5種類のマークごとに色を決めて、色えん筆でぬる。線にそって、はさみで切る。
		5～6分	休けい	3分間	休けい
5～6分	休けい（余った時間）	10分間	③絵カードの完成 マークの紙をのりで厚紙にはる。はがれないか見直ししたり、確認をして、道具の片づけをする。	10分間	③絵カードの完成 マークの紙をのりで厚紙にはる。はがれないか見直ししたり、確認をして、道具の片づけをする。

2）時間計画にそって作業をしましょう。

3）選んだ計画は自分に合っていましたか？

　　　　　・合っていた　　　　　・合っていなかった

理由：

3-52 自分にあった続け方は？

●神経衰弱カード作り用の絵

3-53 ごほうび換算表を作ろう

メインアイテム…⑨⑩
〔準備物〕

新しいことや苦手なことに挑戦するにはエネルギーが必要です。
挑戦する前に、一歩踏み出せたり達成できたときの自分をほめるために、自分へのごほうびを考えておくと苦手なことに取り組む気持ちもきっと高まりますよ。

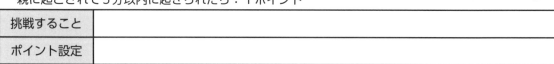

1）自分が今、挑戦すべきことは何ですか。また、それに対してのポイントを設定しましょう。

　例）平日朝6：30に起きる
　　1日につき　自力で起きられたら：5ポイント
　　親に起こされて5分以内に起きられたら：1ポイント

挑戦すること	
ポイント設定	

2）その挑戦に対しての自分へのごほうび換算表を作ります。

　自分へのごほうびを5つ考えましょう。そして、どの程度のがんばりでそれを手にするのがふさわしいかを10～100ポイントで示してみましょう。ポイント数が多いほど自分にとって難しい課題を達成したことにします。

　例）　［10ポイント］週末のゲーム時間30分延長
　　　　［30ポイント］かわいいシャープペン（250円）
　　　　［50ポイント］カラオケ1時間
　　　　［100ポイント］欲しかったゲームソフトをお年玉から買う（4500円）など

　ポイントは途中で使ったらなくなって新しく貯めることにするか、途中で使っても減らないことにするのかも決めておきましょう。

［ごほうび換算表］

ポイント	ごほうび
10ポイント	
20ポイント	
50ポイント	
80ポイント	
100ポイント	

3）先生や家族にポイント設定に対してごほうびの内容がふさわしいかを確認してもらい、変えるところがあれば考え直し、確認サインを書いてもらいましょう。

先生か家族の確認サイン	

4）なんだか、やる気になりませんか!?　カレンダーなどを利用して、ポイント記録欄を作り記録していきましょう。

3-53 ごほうび換算表を作ろう

もしよかったら、このページの意思決定シートを下記まで送ってください。エールを送ります！

［フトゥーロの住所・FAX］　特定非営利活動法人　フトゥーロ
〒226-0025　神奈川県横浜市緑区十日市場町803-2　Fax：045-989-3502

●私の挑戦　意思決定シート　（記入して送ってください）

挑戦内容とポイント設定		
挑戦期間	月　　　　日〜　　　　月　　　　日	
換算表を 書くまた ははる	ポイント	ごほうび

●エールの受け取り方法　　選んで○でかこんでください。

FAX	FAX番号　　　　┊
メール	この用紙を郵送後、「エール希望」と書いてメールを下記まで送ってください。 センターメールアドレス：info@futuro.or.jp

●プロフィールを教えてください。

名　　　前	
学校・学年	
趣　　　味	
好きな色	

一緒にがんばりましょう！ （エールの受付は2020年3月末までとさせていただきます）

3-54 やる気スイッチを探せ！ その1
（時間VS自分）

メインアイテム…⑩
サブアイテム……⑨
〔準備物〕

　やる気を出す仕組みには、2つの心のエンジンがあるのだそうです。1つは「ブラックエンジン」もう1つは「ホワイトエンジン」です。

　ブラックエンジンを元にしたやる気とは、例えば、「宿題を提出しなければ先生から怒られるからやろう」「失敗したところを見られたら恥ずかしいから練習しよう」「テストの点で○○さんに負けたくないから勉強しよう」など、恐れやプレッシャーからやってくるものです。ブラックエンジンを元にして動く場合、恐れやプレッシャーをもち続けて活動するので、心にかける負担やストレスが多くなりがちです。

　ホワイトエンジンを元にしたやる気とは、例えば、「友だちが喜んでくれるから、手伝おう」「歴史が好きだから、もっと調べよう」「体がスッキリすると気持ちいいから、ランニングをしに行こう」など、喜びや楽しさからやってくるものです。

　ホワイトエンジンで何事もできればいいのですが、私たちの生活には、自分がやりたいことだけが、起こるわけではないので、ホワイトエンジンだけで、やる気を起こすことは難しいでしょう。そこで、ブラックエンジンに少しホワイトエンジンを混ぜるような考え方の練習をして、心にストレスをためすぎないやる気スイッチを作ってみましょう。

1）まずは、あなたが「ブラックエンジン」でやる気を起こしていること、「ホワイトエンジン」でやる気を起こしていることを分類してみましょう。あてはまるところを〇でかこんでください。

	どちらのエンジンで　やっていると思いますか		
英語の勉強	・ブラックエンジン	・どちらでもない	・ホワイトエンジン
数学の勉強	・ブラックエンジン	・どちらでもない	・ホワイトエンジン
社会の勉強	・ブラックエンジン	・どちらでもない	・ホワイトエンジン
ゲームをする	・ブラックエンジン	・どちらでもない	・ホワイトエンジン
部屋のそうじ	・ブラックエンジン	・どちらでもない	・ホワイトエンジン
ランニング	・ブラックエンジン	・どちらでもない	・ホワイトエンジン
風呂に入る	・ブラックエンジン	・どちらでもない	・ホワイトエンジン
服をたたむ	・ブラックエンジン	・どちらでもない	・ホワイトエンジン

2）その他の勉強や日常生活でおこなう活動についても、どちらのエンジンを使っているのか考えて、いくつか下に書いてみましょう。

ブラックエンジン	ホワイトエンジン

3-54 やる気スイッチを探せ！ その１

3）Aさんについて書かれた文を読んでみましょう。そして、Aさんになったつもりで、時間内
に漢字を書くことを体験してみましょう。（　　　　　）に制限時間を書いてからスタートして
ください。

Aさんに、漢字練習の宿題が出ました。１つの漢字につき、５回ノートに書きます。Aさんは、
字を書くのが苦手で嫌いなので、やりたくありません。しかし、クラスのみんなの前で、宿題
をやっていないことを注意されるのは恥ずかしいです（ブラックエンジン）。そこで、Aさんは、
ゲームが好きなので、漢字を書く「時間」と「自分」を対決させることを思いつきました（ホ
ワイトエンジン）。決められた時間（　　　　）分間内に終わったら、Aさんの勝ちです。
※先生がよしとする字のていねいさで書きましょう。　さあ、用意はじめ！

私	律	宝	紅	優

結果：＿＿＿分＿＿＿秒　　あなたは、WIN・LOSE

3-55 やる気スイッチを探せ！ その2
（機嫌直し処方せん）

メインアイテム…⑩
サブアイテム……⑧

次の文を読んで、機嫌が悪かったり、落ち込んだ気持ちの回復のしかたについて考えてみましょう。

> あなたは、機嫌直しの医者です。Aさん、Bさん、Cさんの3人に、どの薬を処方すると早めに効き目があるでしょうか？ Aさん、Bさん、Cさんのそれぞれのカルテの「症状」に書いてある今いる場所や、「情報」を参考にして効き目のありそうなものを下の表から選んで、カプセルの中に番号を書き込みましょう。

○ **Aさんのカルテ**
症状：放課後の部活終わりにレギュラー発表があったのですが、選ばれませんでした。レギュラーになりたかった。…悔しい
情報：バスケ部。ダイエット中。新しい物に興味がある。おしゃべり好き。趣味は、音楽かんしょう。

○ **Bさんのカルテ**
症状：授業中、はりきって手をあげて答えました。けれど、まちがえて思いっきり笑われた。…恥ずかしい
情報：窓側の席。ジャニーズが好き。自転車に乗って出かけることが好き。

○ **Cさんのカルテ**
症状：家でテストの復習をしているところ。思っていたより点数が取れなかったことを、また思い出してしまった。あんなに勉強したのに。…残念
情報：体を動かすことが好き。家族とよく話す。甘い食べ物が好き。本やマンガが好き。

①散歩をする　②音楽を聴く　③美しい景色を眺める　④チョコを食べる
⑤好きな物や人の写真を見る　⑥次の休みに何をするか考える　⑦寝る　⑧深呼吸をする
⑨通学路を変えてみる　⑩ストレッチをする　⑪だれかに気持ちを話す　⑫本やマンガを読む

3-56 さまざまな気持ちのコントロール法

メインアイテム…⑩
サブアイテム……③④⑤
〔準備物〕

　気持ちにはたくさんの種類があります。その中でコントロールすることが難しい気持ちは何と言っても「マイナスの気持ち」ではないでしょうか。でも、大丈夫です。脳で感じたマイナスの気持は、それほど長くは続かないのです。実は、6秒後から徐々に薄らいでいくと言われています。その6秒の間に、そのマイナスの気持ちを上手にコントロールすることができれば、あなたの「勝ち！」です。

　また、ときには「プラスの気持ち」も制御不能になると人を不快にさせることもあります。両方を練習してみましょう。

　いろいろな方法を紹介します。試してみて、自分にあった切り替え方法を見つけてください。「怒り」「あせり」「悔しい」「みじめ」「さびしい」「つらい」「悲しい」「怖い」「不安」「憤り」の気持ちになったときにやってみましょう。

6秒タイマー

1）その場でできること

コントロール方法	試してみた感想
①6秒間、目を閉じて深呼吸をする。鼻から4カウントで吸い、口から8カウントで吐く	・けっこういい　・まあ使える ・自分にはあわない
②6秒間、一点を見つめて深呼吸をする	・けっこういい　・まあ使える ・自分にはあわない
③6秒間、うれしかったことや好きなもの、人を思い出す	・けっこういい・　まあ使える ・自分にはあわない
④6秒間、好きな香りのするもの（におい袋など）をかぐ	・けっこういい　・まあ使える ・自分にはあわない
⑤6秒間、自分のよいところを思い出す。 　例）私はそうじが得意だ！　体力がある！　など	・けっこういい　・まあ使える ・自分にはあわない
⑥6秒間、私は今は、〇〇な気分だけど、もうすぐ落ち着くととなえる	・けっこういい　・まあ使える ・自分にはあわない
⑦6秒間、100から3ずつ引いていく	・けっこういい　・まあ使える ・自分にはあわない
⑧6秒間、目の前にある物をじっと見る	・けっこういい　・まあ使える ・自分にはあわない
⑨6秒間、口角（口の両はじ）をぐっとあげて笑顔を作る	けっこういい・　まあ使える ・自分にはあわない
⑩オリジナル6秒（　　　　　　　　　　　　　）	けっこういい・　まあ使える ・自分にはあわない

115

3-56 さまざまな気持ちのコントロール法

２）その場から離れたり、別の時間にできること

コントロール方法	試してみた感想
①別の場所に行って、そこで深呼吸をする	・けっこういい ・まあ使える ・自分にはあわない
②大またで上を向いて歩く	・けっこういい ・まあ使える ・自分にはあわない
③紙に気持ちや出来事を書きだす	・けっこういい ・まあ使える ・自分にはあわない
④ジョギング、ストレッチ、 　スクワットなど運動する。 　動き回る	・けっこういい ・まあ使える ・自分にはあわない
⑤思い切り寝る	・けっこういい ・まあ使える ・自分にはあわない
⑥好きな入浴剤を入れてお風呂に入る	・けっこういい ・まあ使える ・自分にはあわない
⑦おいしいものを食べる （　　　　　　　　　　　　　　　）	・けっこういい ・まあ使える ・自分にはあわない
⑧好きなことをする （　　　　　　　　　　　　　　　）	・けっこういい ・まあ使える ・自分にはあわない
⑨好きな音楽を聴く （　　　　　　　　　）	・けっこういい ・まあ使える ・自分にはあわない
⑩オリジナル （　　　　　　　　　　　　　）	・けっこういい ・まあ使える ・自分にはあわない

３）プラスの気持ちが大きくなったときに、おちいりやすい失敗への対策

　楽しすぎたり、うれしすぎて、大きな声や大きな動きをし、いつまでもそれが止められなくて（つまり興奮しすぎて）、周りの人に嫌な思いをさせていませんか。これはなかなか自分では気づけないものです。このようなことを言われたことがあったとしたら、仲のよい友だちや先生に、自分は興奮しすぎてしまうことを伝えておき「ストップ」をかけてもらいましょう。「ストップ」がかかったら、その場で深呼吸をしてみましょう。

さまざまな気持ちのコントロール法

４）普段から　リラックス法を実践してみよう

とっさのときにすぐにできるように、普段からゆっくり呼吸の練習をしておきましょう。

背筋(せすじ)を伸ばして、鼻からゆっくり息を吸い込みます。そのときお腹の中に空気をためていくイメージでお腹をふくらませます。次に、口からゆっくり息を吐(は)き出します。お腹をへこませながら、息を吐きます。吸う時の倍くらいの時間をかけるつもりで吐くのがポイントです。

●さらに効果を高めるために……

ゆっくり呼吸にイメージを加えてみましょう。息を吸い込むときに、海、高原、山の自然を思い浮かべ、心地よいものが体の中に入ってくるのをイメージしましょう。吐くときは、嫌なこと、イライラやドキドキが体の中から出ていくのをイメージするようにします。

3-57 それぞれの合格ライン

メインアイテム…⑩
サブアイテム……⑦⑧

1）次の文章を読んで、目標の決め方について考えてみましょう。

AさんとBさんは、社会が苦手です。今までのテストではいつも60点くらいです。Cさんは、社会が得意で、90点近い点数を取っています。テストの前に、Aさん、Bさん、Cさんの3人で一緒に図書館で勉強しました。そのときに、何点くらい取りたいか目標にする点数を話しました。それぞれ次のように答えました。

Aさん「いつもより少し勉強したから、70点は取りたい」
Bさん「Cさんが教えてくれたんだし、Cさんみたいに90点を取りたい」
Cさん「最近、体調が悪くて勉強時間が少ないけど、得意な社会だから95点くらい取りたい」

テストを終え、答案がかえってきました。結果は、Aさん「75点」Bさん「75点」Cさんは「80点」でした。

	今までの点数 テストの目標点数 結果の点数	目標とした点数はちょうどよかったですか
Aさん	今まで　60点 目標　　70点 結果　　75点	・高すぎた ・ちょうどよかった ・低すぎた
Bさん	今まで　60点 目標　　90点 結果　　75点	・高すぎた ・ちょうどよかった ・低すぎた
Cさん	今まで　90点 目標　　95点 結果　　80点	・高すぎた ・ちょうどよかった ・低すぎた

点数が上がった〜！勉強したかいがあった！（Aさん）

いつもよりも勉強したのに…。むだだったのかな。（Bさん）

あ〜いつもよりは点数が下がっちゃったけど、しょうがないか。また、次、がんばろう（Cさん）

2）Aさん、Bさん、Cさんの目標と結果とコメントを見て考えましょう。やる気が続く目標を立てるには、どのようなことが大切でしょうか？　あてはまるものをいくつでも○でかこみましょう。

・自分の得意なこと不得意なことを考えて決める　　・できるだけ高い点数を目標にする
・前よりも低い点数にする　　・体調などその時の状況を考えて決める
・友だちと同じくらいにする　　・少しずつステップアップする（点数をあげる）
・今までと同じ点数にする

4章
生活の中で試してみよう 実践ワーク12か月

4月 1年間のおおよその計画を立て、大切なことはメモをとる習慣をつけよう

メインアイテム…❶❸❹❻　サブアイテム……❼❾❿　〔準備物〕

入学式、新学期など4月はスタートの時期です。「さあ、やるぞ！」と思ってはみたものの、新しい情報の多さに困惑している人もいるのではないでしょうか？

〔使うアイテム〕
- ❸❹ 時間や情報を管理する
- ❻ 整理した情報を忘れないように工夫し、新しく更新する
- ❿ はりきる気持ちを少し客観的にみる
- ❶ 「実現可能な計画」を立てる
- ❼ 行動を確認する
- ❾ 続けてみる

[ステップ1] 1年の大まかな予定を集める

用意するもの：情報がわかるものを集め、まずはクリアファイルなどに入れておこう
集まったら □ にチェックを入れよう

●学校の年間計画表（始業式、終業式、試験日、体育祭、文化祭、修学旅行などの行事が書かれているもの）	□
●部活の予定表	□
●習い事や塾、自分の趣味などの予定表　（　　　　　　　　　） （　　　　　　　　　） （　　　　　　　　　）	□ □ □
●家庭の予定を聞く　（家族旅行、帰省、その他例えば、姉のピアノ発表など）	□
●家族の誕生日、仲のいい友だちの誕生日、記念日なども書いておくと楽しい	□

［ステップ２］忘れないように記入する

用意するもの：情報を記録しておくもの

- 持ち歩きたい人は手帳やノート。いろいろなサイズや形式があるので、自分が使いやすいもの、お気に入りを見つけよう
- 家に置いておく人は、スケジュールノートや書き込みができるカレンダー
- iPadやスマホ

 記入しよう

- 項目ごとに色分けをする、行事シールを使う、イラストを加えるなどして開いたときに一目でわかる工夫も効果的です。
- 記入もれがないか、信頼のおける人に確認してもらおう。

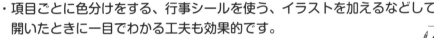

すること（TO DO）	いつやる？（実行予定日）	確認した日
手帳やノートの準備		
1年間の学校の予定を記入		
自分・家族の予定を記入		
自分なりの工夫（項目ごとに色分けをする、行事シールを使う、イラストを加える）		
信頼のおける人に確認してもらう		

［ステップ３］新しい情報を追加してメモする
［ステップ４］忘れないように見直す

用意するもの：記入した手帳やノート、付せん、
　　　　　　　　TODOシート、マーカー
　　　　　　　　など

すること（TO DO）	自分はやるか、やらないか	
付せん・TODOシートを使う	・やる	・やらない
どこに、何を書くか決めて書く	・やる	・やらない
やるべきことは別のページにまとめて書く	・やる	・やらない
内容ごとに色分けする	・やる	・やらない
省略記号を考える	・やる	・やらない
やる順に番号をふる	・やる	・やらない
見直すとき（何回でもいいです）は、いつ？	・朝　・登校時　・下校時　・帰宅後　・寝る前	
信頼のおける人に報告する	・やる	・やらない

 2週間続けてみよう

4月 1年間のおおよその計画を立て、大切なことはメモをとる習慣をつけよう

[ステップ５] ２週間後、続けられそうか見直そう

自分が今、何をすべきかわかりやすくなった	・はい　・いいえ　・わからない
忘れ物や約束をまちがえることが減った	・はい　・いいえ　・わからない
満足度や充実度が増した	・はい　・いいえ　・わからない
このまま続けられそう	・はい　・いいえ

《改善点・感想》

　　4月は気候もさわやかで、何かしらがんばるぞ！と、はりきる月ではありますが、慣れないことも多く、疲れも出やすい月です。やることを増やしてしまうと、心身共に疲労してしまいます。また、やり遂げられない自分を責め、ますます落ち込んでしまうことにもなりかねません。1年は長く、人生はもっと長いです。続けやすい計画を立てていきましょう。

5月 生活リズムを作ろう

メインアイテム…❶❷❸❹　サブアイテム……❼❽❾

　新学期をむかえてから、1か月がたちました。新しいクラスや先生、時間割などにも少しずつ慣れてきたころでしょうか。そこで、5月は、これまでの1日の時間の使い方を見直し、よりよく過ごすために、工夫できるところがあるか考えてみましょう。曜日や時期によってスケジュールが違う人も多いでしょう。部活動や習い事、テストなどの予定にあわせて、いくつかの「スケジュールのパターン」＝「生活リズム」に気をつけながら過ごしてみましょう。

〔使うアイテム〕
❶　実現可能な計画を立てる
❷　優先順位を決める
❸❹時間や情報を管理する
❼　自分の生活を見直す
❽　よい生活リズムが作れるように変更する
❾　続けてみる

［ステップ1］いつもの自分の時間の使い方を見直します。

1）下にある、6つの「時間の使い方の種類」のイメージカラーを決め、下の表に書き込みます。

例）睡眠時間、青色など

	時間の使い方の種類	イメージカラー
1	睡眠時間	
2	生きるための生活時間（食事、入浴など）	
3	学校に関する時間（学校のしたく、通学時間、学校にいるとき、部活など）	
4	家族のための時間（家事の手伝いなど）	
5	自分のための時間（勉強、塾、遊び、趣味、習い事など）	勉強
		勉強以外
6	予備時間（特に何をするかは決まっていない）	

2）ある日の1日の時間の使い方を次のページ、表「自分の1日」に書き込みます。

3）決めた色ごとに表を色分けしてみましょう。

5月 生活リズムを作ろう

月　　日　の「自分の1日」

午前1:00		午後1:00	
2:00		2:00	
3:00		3:00	
4:00		4:00	
5:00		5:00	
6:00		6:00	
7:00		7:00	
8:00		8:00	
9:00		9:00	
10:00		10:00	
11:00		11:00	
12:00		12:00	

[ステップ2] ふり返りましょう。

1）「自分の1日」を見て、何に何時間使っているか「自分の場合」に書き込みましょう。

2）自分と同じ年齢くらいの人の平均時間と比べて、あてはまるものを〇でかこみましょう。

3）「これからは、どうしたほうがいいと思うか」の中で、あてはまるものを〇でかこみましょう。

＊（小）は小学校高学年、（中）中学生のことです。

時間の 種類	自分の 場合	平均時間	平均時間と比べて どうか	これからはどうした ほうがいいと思うか
睡眠時間	時間　　分	（小）8時間30分 （中）7時間20分	・短い ・平均的（±10分） ・長い	・短いほうがよい ・このまま ・長いほうがよい
生活時間	時間　　分	2時間	・短い ・平均的（±10分） ・長い	・短いほうがよい ・このまま ・長いほうがよい
勉強時間	時間　　分	（小）1時間20分 （中1～2）1時間50分 （中3）3時間	・短い ・平均的（±10分） ・長い	・短いほうがよい ・このまま ・長いほうがよい
勉強以外の 自分のための 時間	時間　　分	3時間	・短い ・平均的（±10分） ・長い	・短いほうがよい ・このまま ・長い方がよい

[ステップ３] 次に、時間の使い方を変更する練習をしましょう。「Aさんの１日」と「Bさんの１日」を見て、それぞれの考え方に合わせた新しいスケジュールを考えてあげましょう。

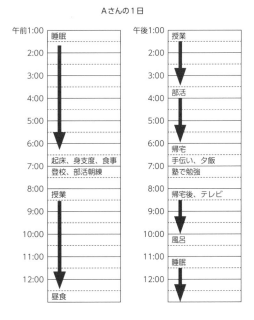

●Aさんの新しいスケジュール

アイデア１：＿＿＿＿＿＿＿の時間を＿＿＿分間に減らして、勉強時間を20分間増やす。

アイデア２：＿＿＿＿＿＿＿の時間を＿＿＿分間に減らして、勉強時間を20分間増やす。

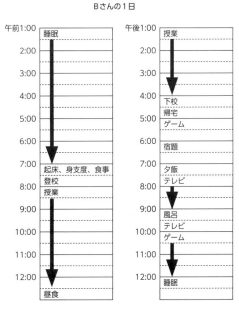

●Bさんの新しいスケジュール

アイデア１：ゲームやテレビの時間を＿＿＿分間に減らす。

アイデア２：ゲームやテレビの時間を
　　　　　　＿＿＿時＿＿＿分〜＿＿＿時＿＿＿分に変えて、
勉強の時間を
　　　　　　＿＿＿時＿＿＿分〜＿＿＿時＿＿＿分に変える。

アイデア３：＿＿＿＿＿＿＿＿＿＿＿＿＿＿＿＿＿＿＿＿
　　　　　　＿＿＿＿＿＿＿＿＿＿＿＿＿＿＿＿＿＿＿＿

5月 生活リズムを作ろう

［ステップ4］同じくらいの年齢の人の平均も参考にしながら、自分の時間の使い方を考え直してみよう。

平日のパターン	休日のパターン	テスト前のパターン

平日のパターン

午前1:00
2:00
3:00
4:00
5:00
6:00
7:00
8:00
9:00
10:00
11:00
12:00
午後1:00
2:00
3:00
4:00
5:00
6:00
7:00
8:00
9:00
10:00
11:00
12:00

休日のパターン

午前1:00
2:00
3:00
4:00
5:00
6:00
7:00
8:00
9:00
10:00
11:00
12:00
午後1:00
2:00
3:00
4:00
5:00
6:00
7:00
8:00
9:00
10:00
11:00
12:00

テスト前のパターン

午前1:00
2:00
3:00
4:00
5:00
6:00
7:00
8:00
9:00
10:00
11:00
12:00
午後1:00
2:00
3:00
4:00
5:00
6:00
7:00
8:00
9:00
10:00
11:00
12:00

［ステップ５］２週間、ステップ４で書いたスケジュールで過ごしてみた結果を下に記入してみよう。

だいたいスケジュール通りで過ごせた…◎　半分くらいスケジュール通りに過ごせた…○
ほとんどスケジュール通りに過ごせなかった…△　特別な用事があった日だった…☆

月　　日	月　　日	月　　日	月　　日	月　　日	月　　日	月　　日

月　　日	月　　日	月　　日	月　　日	月　　日	月　　日	月　　日

●やってみた感想を書きましょう。

△がある場合、原因は何だと思いますか？　これからどのように過ごしたいですか？

6月 予定変更の乗りこえ方

メインアイテム…❽❿　サブアイテム……❶❼

　6月は梅雨の時期です。じめじめとした湿度が苦手な人は多いでしょう。乾燥しているよりは過ごしやすい、という人もいるかもしれませんね。人それぞれです。

　今月は思い通りにいかないなら、「自分の見方を変えてみよう（「リフレーミング」と言います。つまり出来事の枠組み：フレーム　を変えて考えようということです。）」や予想が外れてイライラしなくてすむように「なんでも想定内にしてしまおう」に挑戦してみましょう。

〔使うアイテム〕
❽柔軟に考えを変える
❿気持ちを落ち着かせる
❶できそうな計画を立てる
❼自分の行動を見直す

[ステップ１] 見方を変えてみよう（リフレーミング）

1）Aさんは小テストの計算問題を10問中６問まちがえました。来週、再テストを受けることになりました。この状況を「あ〜ぁ」とがっかりするのではなく、前向きにとらえるとしたらどんなふうに考えられますか。できるだけたくさん考えてみましょう。

2）Aさんは、今日の放課後は、遊べる友だちが一人もいなくてがっかりしています。でも見方を変えて、放課後の楽しい過ごし方をできるだけたくさん考えてみましょう。

3）Ａさんが苦労して作った作品をＢさんがさわってこわしてしまいました。こんなつらい場面を見方を変えて考えられますか。前向きな考え方をたくさん考えてみましょう。

4）今、雨が激しく降っています。でも、風は吹いていません。Ａさんはこれから習い事に歩いていかないといけません。雨が降るとよいことをできるだけたくさん考えてみましょう。

5）今、雨が激しく降っています。家の中で楽しめることを、できるだけたくさん考えてみましょう。

6）Ａさんは大好きなお笑い芸人の演芸会を見るために、当日会場に並びました。運悪く、２人前でチケットが売り切れになってしまいました。演芸は見られないけれど、楽しめることを、できるだけ、たくさん考えてみましょう。

　解答例と比べてみてください。いかがですか？　なるほど！と思いましたか、いやいや私のほうがよいアイデア出せた！と思いましたか？　頭をやわらかく、いろいろな視点でものを考えるとイライラすることが少なくなるでしょう。

129

6月 予定変更の乗りこえ方

［ステップ２］なんでも想定内にしてしまおう

　この先、起こりそうなことに○をつけましょう。その他にも、起こりそうなことが思いついたら書いてみましょう。またそれに対しての対応策を考えてみましょう。

１）エピソード１

この後、何が起こるでしょうか…		対応策
パソコンを使っています	①いきなりの停電。データが消えた	
	②タッチミスで最新入力データを消した	
	③なぜかフリーズ	
	④USBのメモリがいっぱいになって保存できない	
	●	

２）エピソード２

この後、何が起こるでしょうか…		対応策
友だちと待ち合わせて、映画に行きます。その後、ボーリングに行く予定です	①友だちは頻繁に遅刻するタイプ	
	②映画館に着いたら満員で入れず	
	③移動の途中、乗っている電車が事故で動かなくなった	
	④友だちから急なキャンセル連絡	
	●	

２）エピソード３

この後、何が起こるでしょうか…		対応策
天気が変わりやすい６月のある日のことです	①雨が降って昼休み校庭使用中止	
	②いつもの場所でドッジボールをしようとして、場所がとられていた	
	③下校時、土砂降り。かさを忘れた	
	④雨の日、図書室が満員	
	●	

［ステップ3］自分の生活でも「リフレーミング」や「想定内」をやってみよう。
　あなたの学校や家でおこりがちなトラブルを思い出して、対応策を考えてみましょう

例1）親に「早く、○○しなさい」「もう○○をやめなさい」と言われ、「今、やろうと思ったのに！」
　　　と言って口げんかになってしまった。

例2）学校で移動教室の列に並ぶのに遅れ「○○〜！」と友だちに文句を言われて嫌な気持ちに
　　　なった。

例3）レンタルビデオ屋さんに行ったら見たいDVDがもう借りられていて、むだ足になってし
　　　まった。

エピソード1	・リフレーミングしてみると… ・想定内対策は…

エピソード2	・リフレーミングしてみると… ・想定内対策は…

7月 洋服について考えてみよう（衛生面について）

メインアイテム…❹❼　サブアイテム……❾　〔準備物〕

> 　周りの人たちに、嫌な印象を与えないようにするために、衛生面に気を配ることは大切なことです。7月は、気温が高くなることから、汗をかき、衣類も汚れやすくなります。見た目やにおいなどで、人から不衛生な印象をもたれてしまうと、あなたが損をしてしまいます。衛生面に気を配り、気持ちのいい夏を送りましょう！
>
> 〔使うアイテム〕
> ❹清潔に保てるような情報を得る　❼自分の状態を把握する　❾清潔さを保つ

【ステップ1】　汗をかいた後、体を清潔に保つためには、以下の方法がよく使われています。あなたならどの対策をとりますか。実際に、やっていることやできそうなものに〇をつけましょう（複数つけてよいです）。

（ア）ハンカチやタオルなどで汗をふく　　（イ）暑さを感じにくい素材や吸湿性のよい衣類を着る
（ウ）制汗剤（汗を抑えるスプレーなど）を使う　　（エ）その他（　　　　　　　　　　　　）

【ステップ2】　選んだ対策は、汗をかいた後にすぐにできるとよいですね。あなたが特に汗をかきやすいときはいつですか。あてはまる場面に〇をつけましょう（複数つけてよいです）。そして、それに対しての対策も選んでみましょう。

あなたが汗をかくのは	その時の対策は
学校の行き帰り	・ハンカチやタオル　・素材の工夫　・制汗剤　・その他
体育	・ハンカチやタオル　・素材の工夫　・制汗剤　・その他
休み時間	・ハンカチやタオル　・素材の工夫　・制汗剤　・その他
エアコンがない場所	・ハンカチやタオル　・素材の工夫　・制汗剤　・その他
午後の気温が上がるとき	・ハンカチやタオル　・素材の工夫　・制汗剤　・その他
部活中	・ハンカチやタオル　・素材の工夫　・制汗剤　・その他
その他：	・ハンカチやタオル　・素材の工夫　・制汗剤　・その他

【ステップ3】実際に2週間おこなってみて、記録してみましょう

だいたいできた…◎　半分くらいできた…〇　ほとんどできなかった…△　特別な理由があってできなかった…☆

月　日	月　日	月　日	月　日	月　日	月　日	月　日

月　日	月　日	月　日	月　日	月　日	月　日	月　日

●感想を書きましょう。＿＿＿＿＿＿＿＿＿＿＿＿＿＿＿＿＿＿＿＿＿

7月 洋服について考えてみよう（天候に合った服装）

メインアイテム…❹❼ 〔準備物〕

季節の変わり目は、気温の変化が大きく、「昨日は暑かったけど、今日は寒くなる」「午前中は涼しかったけど、午後になると暑くなる」、といったことがよくあります。体調を崩さないように、また周りに違和感（なんか変だなと思うこと）をもたれないように、柔軟に対応できることが大切です。服のおよその選び方として、20℃位の日は薄い生地の長そで、25℃以上の日は、半そでにするとよいとされていますが、自分の体質と合わせて考えることが大切です。

〔使うアイテム〕❹天候の情報を得る　❼その天候をふまえて合った洋服を考える

[ステップ1]

1）あなたはどちらかというと暑がりですか？　それとも寒がりですか？　自分の体質にあてはまるところに○をつけてください。

暑がり　　　　　　　　　　　　　平均的　　　　　　　　　　　　　　寒がり

←──────────────────────────────────────→

2）気温の変化に対応するために、以下の準備や確認をしておくと便利です。また、ここに書いている以外の方法があれば、その他に書きましょう。

（ア）天気予報を見て、その日の天気や最低気温・最高気温の確認をする
（イ）チャックなどがついていて、すぐ脱ぎ着ができたり、小さくたためる衣服を持ち歩く
（ウ）天気予報でおすすめしている服の枚数や種類を確認する
（エ）その他（　　　　　　　　　　　　　　　　　　　　　　　）

[ステップ2] 実際に気温に合った服装選びをやってみましょう。

1）明日の天気、最低気温と最高気温を調べましょう。

　　　　月　　　日　　最低気温：＿＿＿＿＿＿　　最高気温：＿＿＿＿＿＿

2）上記、（ア）〜（エ）の中から自分がやってみようと思うことを選んで、記号を書きましょう。

3）1）と2）より、明日の自分の服装を決めましょう。

下着＋

4）実際、その服装にしてみた感想を書きましょう。

133

洋服について考えてみよう
（年齢に合ったコーディネートを考える）

メインアイテム…❹❼ 〔準備物〕

　将来のことを考えたら、自分で着る服は自分で選べるようになるといいですね。夏は、薄着でいることが多いので、着る服を選ぶ練習をはじめるにはいい季節です。まずは、今、自分が持っている服の種類を知り、あるものをうまく組み合わせたコーディネートを考えましょう。サイズが小さくなっていないか、ボロボロになっていたり汚れていないかなどもチェックしましょう。

　また、衣類には『年齢相応』というものがあります。小学生らしい服装と中学生らしい服装は異なります。小さい子が着ているようなデザインの服を着ていないかをチェックしてみましょう。

〔使うアイテム〕❹自分の持っている洋服を知る　❼適切な洋服を選ぶ

【ステップ１】自分が持っている夏服を調べてみましょう。

種　類	量	種類：色、柄、デザインなど 汚れや傷み、サイズ、形、年齢相応はOKかな？ ○×チェックしよう 例）中1男子　×裾がほつれプーさんが大きく書かれたズボン
シャツ類（Tシャツなど）	枚	
ズボンまたはスカート	本	
くつ下	足	
くつ	足	
その他（ぼうし・かばんなど）		

【ステップ２】　コーディネート（組み合わせ）を考える時は、上（シャツ）と下（ズボン・スカート）、くつ下やくつの色合わせに気をつけるとよいです。自分の持っているものの中から、よいなと思う組み合わせをイラストで描くか写真に撮ってはってみましょう。

考えたコーディネート①

考えたコーディネート②

[ステップ3]

　持っている服をうまく組み合わせて、年齢相応(ねんれいそうおう)のいい印象を与えるコーディネートが考えられたら、今度は実際に着て出かけてみましょう。

　コーディネート上級者は、あらたまった場所や外あそびなど、外出先に応じて服装を選んでみましょう。これができたらもうあなたは達人の域です。また、服装は自分の個性を表現するひとつの方法にもなります。年齢や場所に応じた服装選びを実践してみましょう。

実践する日	行き先	コーディネートのイラストまたは写真	コーディネートのポイント
／			
大人の人にコメントしてもらおう			
／			
大人の人にコメントしてもらおう			

● 感想を書きましょう。

135

8月 夏休みの過ごし方

メインアイテム…❶❸　サブアイテム…❼〔準備物〕

> 　長い夏休みは、忙しい日もあれば、特別な予定のない日もあるでしょう。特に予定のない日の過ごし方をいろいろ知っていると、暇すぎてぼんやり過ごすのとはちがった過ごし方ができるようになるでしょう。
>
> 〔使うアイテム〕　❶夏休みの計画を立てる　❸時間の使い方を考える　❼適切かどうか見直す

[ステップ１]　予定のない１日の過ごし方をリストアップしよう

１）予定のないとある１日、家以外でお金をかけずに過ごすには、どんな場所がありますか。

	家からかかる時間	できること、よいところ
例：●●里山公園	自転車で10分	木かげが多く夏でも涼しい

２）予定のないとある１日、<u>お金が少し（500円くらい）かかってもよい</u>としたら、どんな場所に行ったり、そのお金を使って家でどのように過ごしますか。

	交通費などかかるお金	できること、よいところ
例：■■ブックストア（古本屋さん）	交通費　　　　0円 本代　　　100円〜	マンガが100円くらいでも買える。立ち読みできる。

[ステップ２]　予定のない１日のスケジュールを立ててみよう

　予定のない夏休みのとある１日、上であげたような場所を利用しながら、どんな１日にするかスケジュールを立ててみましょう。ただし１時間、家庭学習をどこかに入れましょう。

例）　午前　　　　　　　　　　　　　　　　午後

6	7	8	9	10	11	12	1	2	3	4	5	6	7	8	9
	起床・朝食			・サイクリング	・宿題の本を買う	・DVDを借りる	昼食	宿題		・DVDを見る		犬の散歩	夕食・夕食の手伝い	テレビ	風呂

6	7	8	9	10	11	12	1	2	3	4	5	6	7	8	9

[ステップ3]　1日（午前10時〜午後5時くらいまで）の外出計画を立てよう

1）交通費を含めて3000円で収まる外出計画を立ててみよう。

		自宅からの経路と交通費 おおよその予定	交通費以外にかかるお金 （何にいくらくらい？）
例：秋葉原で鉄道模型店めぐり		A駅〜B駅（●●線） B駅〜秋葉原（■■線） 交通費（往復）980円 10：00家⇒11：30模型店A ⇒12：30昼食⇒模型店B ⇒16：00頃帰宅	昼食　　　1000円 買い物代　1000円まで
A案		交通費（往復）　　　円	
B案		交通費（往復）　　　円	
C案		交通費（往復）　　　円	

2）だれかを誘うとしたら、だれをどこへ誘いますか。

（　）案に（　　　　　　　　）を誘ってみたい。

いつ
（　　　　　　　　　　）
どうやって
（　　　　　　　　　　　　　　　　　　　）

何と言って
（　　　　　　　　　　　　　　　　　　　　　　　　）と言って誘う。

8月 夏休みの過ごし方

［ステップ４］　１泊２日の家族旅行の計画を立ててみよう。

１）旅行先（地名）

２）ガイドブックやインターネットで、その地域の観光スポットや行ってみたいところを３つ調べてみよう。

	かかるお金	できること、よいところ
例：●●虹の村	入場料大人　　1000円 中高生　　　　800円	ヨーロッパ式の庭園（ていえん）が見られる。 陶芸（とうげい）体験ができる。 インターネットでクーポンがもらえる。

3）ガイドブックで調べた観光スポットを含めた、1泊2日の家族旅行の計画を立ててみよう。

●旅行先（地名）

●移動手段

1日目

時刻	
	家を出発
	に到着 をして過ごす
	昼食
	（　　　　　　　　　） に向けて出発
	（　　　　　　　　　） に到着 をして過ごす
	宿泊場所に向けて出発
	宿泊場所に到着

2日目

時刻	
	宿泊場所を出発
	に到着 をして過ごす
	昼食
	（　　　　　　　　　） に向けて出発
	（　　　　　　　　　） に到着 をして過ごす
	家に向けて出発
	家に到着

かかるお金（主なもの）

（　　　　　　　　　　）＿＿＿＿＿＿＿円
（　　　　　　　　　　）＿＿＿＿＿＿＿円
（　　　　　　　　　　）＿＿＿＿＿＿＿円

9月 忘れ物対策を考えよう

メインアイテム…❻　サブアイテム……❼❾

夏休みも終わり、学校が始まりました。休みの間に仕上げた宿題を忘れずに持って行くことはできましたか。今月は、忘れ物を減らす工夫を考え、実践してみましょう。

〔使うアイテム〕❻忘れる理由を考えて忘れない方法を考える
　　　　　　　　❼自分は何を忘れやすいか知る　❾忘れ物をしないように続ける

[ステップ1]　どうして忘れてしまったのでしょうか？

1）次の文を読んで、Ａさんが忘れ物をしてしまった理由を考えてみましょう。

　　Ａさんは、学校に遅刻しないようにするには、家を8時に出なければなりません。しかし、この日は、7時45分に目を覚ましました。起きてから顔を洗い、着替えをすませると、もう出発時間の8時近くです。Ａさんは、急いで出ていき、なんとか学校にまに合いました。授業が始まる前に、筆箱を出そうとすると、かばんの中に入っていないことがわかりました。昨日、宿題をするために筆箱を出して、そのまましまい忘れてしまったことに気がつきました。

①Ａさんが、筆箱を忘れしてしまった理由として、あてはまると思う番号の前に〇をつけましょう。

	（1）	ぼんやりと考えごとをしていたから
	（2）	朝、家を出る時間がギリギリで荷物を確かめることができなかったから
	（3）	宿題をいっしょうけんめいやったから
	（4）	筆箱を使い終わったら、すぐにしまわなかったから
	（5）	その他

②Ａさんが忘れ物をしないためには、どのようにすればよいでしょうか？　方法をいくつか考えて書きましょう。思いつかないときは3章のワーク36、37、38を参考にしてみましょう。

③あなたも、このような場面で忘れ物をすることがありますか？　あてはまるものを〇でかこんでください。

　　　　　　　・ほとんどない　　　・たまにある　　　・よくある

④「たまにある」「よくある」の場合、あなたができる忘れ物を減らす工夫は何ですか？

140

2）次の文を読んで、Aさんが忘れ物をしてしまった理由を考えてみましょう。

Aさんは、友だちと映画を見る約束をしました。映画の前売りチケットは、1週間前に、友だちから受け取っていて、大切なので自分の机の中にしまっておきました。友だちと出かけることが久しぶりのAさんは、その日をとても楽しみにしていました。出かける前には、どこで食事をしようか、いくつかお店を考えたり、映画が終わった後は、何をしようかなどワクワクしていました。着ていく服やかばんも、いろいろと出して考えていました。ところが、当日映画館につくとチケットを忘れていることに気がつきました。

①Aさんが、チケットを忘れてしまった理由として、あてはまると思う番号の前に○をつけましょう。

	（1）	出かける前に考えごとをしていたから
	（2）	映画には、興味がなかったから
	（3）	久しぶりの外出で、普段の持ち物ではなかったから
	（4）	あわてて、出かけたから
	（5）	その他

②Aさんが忘れ物をしないためには、どのようにすればよいでしょうか？ 方法をいくつか考えて書きましょう。思いつかないときは3章のワーク36、37、38を参考にしてみましょう。

③あなたも、このような場面で忘れ物をすることがありますか？ あてはまるものを○でかこんでください。

　　　　　　　ほとんどない　・　たまにある　・　よくある

④「たまにある」「よくある」の場合、あなたができる忘れ物を減らす工夫は何ですか？

141

9月 忘れ物対策を考えよう

3）次の文を読んで、Aさんが忘れ物をしてしまった理由を考えてみましょう。

　Aさんは、小学生で、図工が得意で好きです。今日は、牛乳パックや箱を使って、「未来の自分の家」というテーマで工作をします。2～3日前から、箱を集めて、紙袋に用意し、忘れないように玄関のところに準備しました。そして、図工がある日に持って行き、楽しんで工作をしました。ところが、Aさんは、そうじや給食当番などの係の仕事をすることがあまり好きではありません。使ったぞうきんをどこに置いたかわからなくなることが、よくあるし、給食当番のかっぽう着を持ち帰ることをいつも忘れてしまいます。

①Aさんが、ぞうきんやかっぽう着を忘れてしまう理由として、あてはまると思う番号の前に〇をつけましょう。

	(1)	係の仕事があまり好きではない
	(2)	あわてて係の仕事をするから
	(3)	次に使うときのことや、次に使う人のことを考えていないから
	(4)	忘れても自分は困らないから
	(5)	その他

②Aさんが忘れ物をしないためには、どのようにすればよいでしょうか？　方法をいくつか考えて、下に書きましょう。思いつかないときは3章のワーク36、37、38を参考にしてみましょう。

③あなたも、このような場面で忘れることがありますか？　あてはまるものを〇でかこんでください。

　　　　　・ほとんどない　　　・たまにある　　　・よくある

④「たまにある」「よくある」の場合、あなたができる忘れ物を減らす工夫は何ですか？

[ステップ2]　忘れ物なし！　実践チェック表

1）目標とプチごほうびを決めて、チャレンジをしてみましょう。

●わたしの忘れ物対策は…

その1	に対して
	をすることです。

その2	に対して
	をすることです。

2）2週間のうち、_____日間、忘れ物なし！を達成できたときは、

　　プチごほうびとして、_____。

3）実践します。　　※決めた物の忘れ物をしなかったら、〇を書きましょう。

月　日	月　日	月　日	月　日	月　日	月　日	月　日

月　日	月　日	月　日	月　日	月　日	月　日	月　日

4）2週間たってみて　結果は、_____日間達成！

5）もし、うまく実践できなかった場合、どうしたらいいでしょうか。
　　だれに相談して、どんな協力をしてもらえそうですか？

　　●だれ（　　　　　　　　　　　）に相談する

　　●相談の結果_____することにした。

6）5）の方法で作戦変更して　もう一度2週間、チャレンジしてみよう！

143

10月 健康管理をしよう

メインアイテム…❼　サブアイテム……❽❿

　10月になり、だいぶ季節も涼しくなり過ごしやすい季節になりました。秋は、いろんなことに取り組みやすい時期です。今の自分が新しいことへ取り組めるだけの十分な健康状態にあるかをセルフチェックし、後期に向けての準備をしていきましょう。

〔使うアイテム〕❼自分の体調や食生活、心理状態を見直す
　　　　　　　　❽うまくいかなくても前向きに考える
　　　　　　　　❿気持ちの切り替え法や相談相手を見つける

［ステップ１］　セルフ健康チェックをしてみましょう

１）あてはまるものには○、どちらともいえないものには△、あてはまらないものには×をつけましょう。

①最近、遅くまで起きていて夜、十分に眠れていない	
②休みの日に習いごとやクラブ活動などがあって十分に休めていない	
③お昼頃、急に眠くなることがある	
④最近、食欲がわかない。または食欲を抑えきれない	
⑤お腹が痛くなりやすい	
⑥頭が痛くなることがある	
⑦何かに取り組んでいる際、集中が続きにくい	
⑧ちょっとしたことでも、くよくよと落ち込みやすい	
⑨大事なテストや行事が近く、気持ちが休まらない	
⑩やらなきゃいけないことがあっても、なかなかやる気になれない	
⑪最近、ちょっとしたことでもイライラしてしまう	
⑫外に出かけることが面倒に感じてしまう	

※上記の項目は多くの人が、いくつかはあてはまりますが、あまり数が多くなると疲れが出ているサインとなります。

２）○の数はいくつでしたか？　　（＿＿＿＿＿＿＿こ）

３）○の数が６こ以上だった場合は、要注意です。疲れを減らすためにできそうな方法を下記から選んで○をつけましょう（いくつ選んでもよいです）。

ア）だれか（　　　　　　　　　）に相談をして話を聞いてもらう

イ）やらないといけないこと（　　　　　　　　）をだれか（　　　　　　　）に手伝ってもらう

ウ）予定を入れないようにして休む日をつくる

エ）気分転換になるような趣味（　　　　　　　　　　）などの時間をとる

オ）その他（　　　　　　　　　　　　　　　　　　　　　　　　）

●感想を書きましょう

[ステップ２]　食生活を見直そう

　体を健康に保つためには、バランスの取れた食事をとることが欠かせません。
日頃の食習慣を見直し、自分に合った生活改善を考えましょう。

１）自分の身長や体重、（わかる人は）体脂肪、１日の運動時間を書いてください。

身長	体重	体脂肪	運動時間
cm	kg	%	時間

２）１日の食事の回数は何回ですか？　食べているところに○をつけましょう。

・朝ごはん　　・昼ごはん　・夕ごはん　　・夜食　　　・間食（　　　回）　　全部で：＿＿＿＿回

３）食事は、下記の表にあるものをバランスよく食べることができるとよいでしょう。日常生活
　　の中で、よく食べているものについては○を、ときどき食べるものには△、まったく食べな
　　いものには×をつけましょう。

肉類	魚類	豆類	海そう類	野菜類（青物・根菜類）	きのこ類	イモ類	乳製品

４）上記の表の不足しているもの（△、または×をつけたもの）の中で、あなたの嫌いな食べ物
　　は何ですか。あてはまるものに○をつけてください。

　　・肉類　・魚類　・豆類　・海そう類　・野菜類　・きのこ類　・イモ類　・乳製品

　　具体的には：　例）しいたけ、ひじきなど＿＿＿＿＿＿＿＿＿＿＿＿＿＿＿＿＿＿＿＿＿＿＿

５）上の嫌いな食べ物のうち、下の表のように工夫をすることで食べられそうな、または栄養を
　　おぎなえそうな方法はありますか？　下の表にまとめましょう。

【調理法などの工夫】　①苦手な味がわからなくなるよう濃い目の味つけにする　②食感やに
おいがわかりにくくなるよう刻む　③何が入っているかわかるように自分で作る　④盛りつ
け時に、混ぜずに別のお皿にする（例：カレールーとごはんに分ける）、⑤サプリメントなど
を使っておぎなう
⑥その他（　　　　　　　　　　　　　　　　　　　　　　　）

嫌いな食べ物	工夫すれば食べられる？	調理法などの工夫番号
類	・食べられる　　・食べられない	
類	・食べられる　　・食べられない	
類	・食べられる　　・食べられない	

10月 健康管理をしよう

[ステップ3] これから出てくるAさんBさん2人の思っていることを考えて「　　　」に書いてみましょう。2人の考え方の違いは、どっちがストレスをためるでしょうか。

1) 今日は、2人が楽しみにしていた遠足ですが、天気はあいにくの雨です。川あそびは中止になり、Aさんはとても落ち込んでいますが、Bさんは楽しそうに遠足に参加しています。
   - Aさんのことば「　　　　　　　　　　　　　　　　　　　　　　　　　　　」
   - Bさんのことば「　　　　　　　　　　　　　　　　　　　　　　　　　　　」

2) 今日は、2人の得意教科の数学のテストが返ってくる日です。Aさんの点数は60点。思っていたよりいい点数が取れていないことで、Aさんはとてもがっかりしています。Bさんは55点でしたががっかりした様子はなく、笑っていました。
   - Aさんのことば「　　　　　　　　　　　　　　　　　　　　　　　　　　　」
   - Bさんのことば「　　　　　　　　　　　　　　　　　　　　　　　　　　　」

3) 明日、特別に必要な持ち物について、先生が話をしています。6時間目の体育で疲れていたAさんBさんは、うっかり話を聞きもらしてしまいました。聞きもらしたことに気づいたAさんは、どうしたらいいかがわからなくなり、とてもあせっています。そんなとき、Bさんが「先生、すみません。もう一度、言ってくれますか？」と質問をしました。
   - Aさんのことば「　　　　　　　　　　　　　　　　　　　　　　　　　　　」
   - Bさんのことば「　　　　　　　　　　　　　　　　　　　　　　　　　　　」

4) AさんとBさんは美化係です。集まりは水曜日でしたが、木曜日と勘違いしていた2人は、参加せずに帰ってしまいました。翌日、2人は先生から注意をされました。Aさんは注意をされたことに落ち込んで、授業に集中できません。Bさんはいつも通り授業を受けています。
   - Aさんのことば「　　　　　　　　　　　　　　　　　　　　　　　　　　　」
   - Bさんのことば「　　　　　　　　　　　　　　　　　　　　　　　　　　　」

これらのことから
- Aさんの考え方は＿＿＿＿＿＿＿＿＿＿＿＿＿＿＿＿＿＿＿＿＿＿＿＿＿＿
- Bさんの考え方は＿＿＿＿＿＿＿＿＿＿＿＿＿＿＿＿＿＿＿＿＿＿と言えます。

自分は　どちらかと言うと
　・Aさんタイプ　・Bさんタイプ　なので
＿＿＿＿＿＿＿＿＿＿＿＿＿＿＿＿＿＿＿＿＿＿＿＿＿＿＿するようにしたい。

　「病いは気から」と言われるほど、心の状態は体に影響を与えやすいものです。体が疲れているときは、気持ち的にも追いつめられていて、余裕をなくしていることがよくあります。特に、まじめで何かと「○○すべき」と考える人は、ストレスがたまりやすく、疲れやすいともいわれています。まったく気にしないのもよくないですが、気にし過ぎるのも同じくらいよくありません。難しいかもしれませんが、ほどほどに気にすることの大切さを考えてみましょう。

［ステップ４］　気にしすぎタイプの人は、ちょっとしたことでも「○○であるべき」と考え、必要以上に自分を責めてしまったり、追いつめてしまうことがあります。また、気にしなさすぎタイプの人は、周囲の人に知らず知らずのうちに迷惑をかけていることがあります。
　自分はどんなことが気になっているのかチェックしてみましょう。

1）あなたは、今どんなことが気になっていますか？
　　①〜⑦のことについて、気になり度を０〜100％で書いてみましょう。

	気になること	気になり度
①	自分自身の将来のこと	％
②	友だちから自分がどう思われているか	％
③	異性から自分がどう思われているか	％
④	親から自分がどう思われているか	％
⑤	勉強のこと	％
⑥	部活やクラブ、習い事にについて	％
⑦	その他（　　　　　　　　　　について）	％

2）上記の結果を見返してみて、自分は、どんなことについて、気になっているかがわかりましたか？
　_____

3）これらの気になっていることについて、あなたはどのように考えますか？
　・すぐに解決したい（番号：　　　　　　　　　）
　・気になるけれど、まあ、このままでよい（番号：　　　　　　　）

4）すぐに解決したいことは、誰かに相談してみましょう。

　（　　　　）番について　（　　　　　　）に（　　　　　　）までに相談してみたい。
　相談した結果や感想_____
　（　　　　）番について　（　　　　　　）に（　　　　　　）までに相談してみたい。
　相談した結果や感想_____

11月 気が向かないことでもやろう

メインアイテム…❼❾　サブアイテム……❿

> 日々の生活の中には、できればやりたくないけれど、やらなくてはいけないこともあります。それらにどう向き合って、行動を開始するかについて考えてみましょう。
>
> 〔使うアイテム〕　❼気が向かないことの理由を知る　❾始めるきっかけを見つける
> 　　　　　　　　❿気持ちを前向きにする

[ステップ1]　学習

　日頃の勉強や試験勉強に対して、気が向かない人も多いでしょう。そんな自分の気持ちに向き合い、整理しながら、少しでも前向きにとり組めるようになりましょう。

1）気持ちが向かない教科名を書き、その理由を下の気が向かない理由を一覧表の中から選びましょう。そして解決策を考えてみましょう。解決策が思いつかない場合は、3章のワーク53、54を参考にしてみましょう。

①定期試験に向けて、気が向かない教科1

教科名 （英語、国語、数学など）	気が向かない理由	どうしたらできそうかな？ （自分なりに考えてみよう）
	番号	
	番号	

②定期試験に向けて、気が向かない教科2

教科名 （英語、国語、数学など）	気が向かない理由	どうしたらできそうかな？ （自分なりに考えてみよう）
	番号	
	番号	

●気が向かない理由一覧表

（1）内容に興味がない　　（2）試験範囲が広い　（3）授業がよくわからない （4）担当の先生が苦手　（5）今までも勉強せずに、試験を受けたから （6）勉強しても点数が悪かったからしてもムダ　（7）勉強しても覚えられないからしてもムダ （8）勉強しても理解できない　　（9）その他

2）気が向かなかったとしても、試験勉強はやらなくてはなりません。それはなぜでしょう。

[ステップ2]　提出物

　成績決定は、テストの点数以外に、普段の提出物も大きな割合を占めます。でも、ノート提出やワーク、作品の完成などに気が向かない人も多いでしょう。そんな自分の気持ちに向き合い、整理しながら、少しでも前向きにとり組めるようになりましょう。

1）それぞれの教科の提出物に気持ちが向かない理由を、一覧表の中から選びましょう。そして解決策を考えてみましょう。解決策が思いつかない場合は3章のワーク53、54を参考にしてみましょう。

①提出物で苦労している教科1

教科名 （英語、国語、数学など）	気が向かない理由	どうしたらできそうかな？ （自分なりに考えてみよう）
	番号	
	番号	

②提出物で苦労している教科2

教科名 （英語、国語、数学など）	気が向かない理由	どうしたらできそうかな？ （自分なりに考えてみよう）
	番号	
	番号	

●気が向かない理由一覧表

（1）内容に興味がない　　（2）やるべき量が多い　（3）難しい
（4）今、どこをやっているのかわからなくなってしまった　（5）担当の先生が苦手
（6）前に、まちがいをたくさん指摘されて、嫌になった
（7）もう、何回か出し忘れているのでやってもムダだと思う
（8）どこから手をつければいいのかわからない　　（9）その他

2）気が向かなかったとしても、提出物は出さなくてはなりません。それはなぜでしょう。

11月 気が向かないことでもやろう

［ステップ３］　家の手伝い

　家の手伝いは、「めんどくさいな〜」と感じる人も多いでしょうが、家族の一員として、できる範囲でやっていかなくてはいけません。そんな自分の気持ちに向き合い、整理しながら、少しでも前向きに、とり組めるようになりましょう。

１）家の手伝いに気持ちが向かない理由を、下の気が向かない理由を一覧表の中から選びましょう。そして解決策を考えてみましょう。解決策が思いつかない場合は３章のワーク53、54を参考にしてみましょう。

●頼まれると「いやだな〜」と思う手伝い

手伝いの種類 （そうじなど）	気が向かない理由	どうしたらできそうかな？ （自分なりに考えてみよう）
	番号	
	番号	

●気が向かない理由一覧表

（１）勉強や部活で忙しい　（２）勉強や部活で疲れている　（３）親からは何も頼まれない
（４）家ではのんびりしていたい　（５）親から頼まれることがとても多い
（６）やっても何ももらえない　（７）水や気温が冷たく寒い（または暑い）
（８）あまりやったことがない　（９）父親や他のきょうだいも家事をやらない　（10）その他

２）気が向かなかったとしても、家の手伝いはやらなくてはてはなりません。それはなぜでしょう。

【ステップ４】 気が向かないことへとりかかる工夫

「いやなことに、とりくめたとき」「いやなことを遠ざけて、とりくめなかったとき」の両方をイメージすると、やりたくないことにもとりかかれるかもしれません。［ステップ１］や［ステップ２］であげたことを参考に、その後の自分をイメージしてみましょう。

1）

〜ができたら…	いいこと（番号）
［　　　　］の試験勉強がしっかりできたら	
［　　　　］の提出物がしっかりできたら	

【いいこと】
（１）平均点がアップ　（２）教科の先生に認めてもらえる　（３）めざせる学校がふえる
（４）自分に自信がつく　（５）他の教科の勉強もできるようになる
（６）その他（　　　　　　　　　　　　　　　　）

2）

〜ができなかったら…	よくないこと（番号）
［　　　　］の試験勉強がしっかりできなかったら	
［　　　　］の提出物がしっかりできなかったら	

【よくないこと】（例）
（１）平均点がダウン　（２）教科の先生に認めてもらえない　（３）めざせる学校がへる
（４）自分への自信を失う　（５）他の教科の勉強も嫌になる
（６）その他

12月 快適に生活するために、そうじのやり方を知り実践しよう

メインアイテム…❷❹❼ 〔準備物〕

12月に大そうじをすると、1年の汚れを落として、すっきりとした気持ちで新年を迎えることができます。そうじをまったくしないと不衛生で体調にも影響してきます。イベントの多い時期でもありますが、忙しい合間をぬって、自分の周りをきれいにし、すっきりとした気持ちを体感してみましょう。

〔使うアイテム〕❹空間の整理、管理　❷捨てる、捨てないの優先順位を決める
　　　　　　　❼ゴミの分別やそうじのやり方を確認する

〔ステップ1〕

必要なものと不要なものを判断しよう。

そうじをすることの第一歩は不要なものを捨てることです。不要なものを「もったいないから」という理由で、とっておくとものの量が増え、大変なことになります。必要なものと不要なものを判断する練習をしてみましょう。

以下の物をどうするか選んで○をつけてください。また、選んだ理由も書いてください。

1) 机の中から、以前集めていたカードゲームが出てきた。もう何年もこのカードでは遊んでいない。

・とっておく　・捨てる　・その他（　　　　　　　　　　　　）

選んだ理由＿＿＿＿＿＿＿＿＿＿＿＿＿＿＿＿＿＿＿＿＿＿＿＿＿＿＿＿

2) 本だなに、昨年学校で使っていた教科書が並んでいる。

・とっておく　・捨てる　・その他（　　　　　　　　　　　　）

選んだ理由＿＿＿＿＿＿＿＿＿＿＿＿＿＿＿＿＿＿＿＿＿＿＿＿＿＿＿＿

3) 机の上に、ペットボトルが何本か置いてある。空(から)のものも、まだ半分くらい入っているものも、未開封(かいふう)のものもある。

・とっておく　・捨てる　・その他（　　　　　　　　　　　　）

選んだ理由＿＿＿＿＿＿＿＿＿＿＿＿＿＿＿＿＿＿＿＿＿＿＿＿＿＿＿＿

4) 自分で使うにはデザインが子どもっぽすぎるかばん。でも、他にはかばんを持っていない。

・とっておく　・捨てる　・その他（　　　　　　　　　　　　）

選んだ理由＿＿＿＿＿＿＿＿＿＿＿＿＿＿＿＿＿＿＿＿＿＿＿＿＿＿＿＿

5）ぼうしを1つ持っているが、今の寒い時期はほとんどかぶらない夏用のもの。でも、来年の夏には、また必要になるかもしれない。

　　・とっておく　・捨てる　　・その他（　　　　　　　　　　　　）

　　選んだ理由＿＿＿＿＿＿＿＿＿＿＿＿＿＿＿＿＿＿＿＿＿＿＿＿＿＿＿＿＿＿

[ステップ2]　ゴミの分別をしよう

　必要なものと不要なものが分けられるようになったら、住んでいる地域のルールに従ってゴミを捨てることができるようになります。ゴミの分別は、地域によって異なりますが、燃えるもの、プラスチック、缶、ビン、ペットボトル、紙、布製品、粗大ゴミ、不燃ゴミなどに分けられます。

1）あなたの地域のゴミの分別は、どのようになっていますか？　分別の種類を書いてください。

　　分別の種類＿＿＿＿＿＿＿＿＿＿＿＿＿＿＿＿＿＿＿＿＿＿＿＿＿＿＿＿＿＿

2）あなたの地域では、各ゴミは何曜日に捨てることになっていますか。調べてみましょう。

燃える ゴミ	プラス ティック	缶	ビン	ペット ボトル	紙	布製品	粗大ゴミ	不燃ゴミ
曜日	曜日	曜日	曜日	曜日	曜日	曜日	曜日	曜日

3）以下のゴミは、どの分類に入りますか？

ゴミ	ゴミの分類	捨てる曜日
コンビニで買った お弁当のプラ容器	・燃えるゴミ　・プラ　・缶　・ビン　・ペットボトル ・紙　・布製品　・粗大ゴミ　・不燃ゴミ	曜日
マンガや雑誌	・燃えるゴミ　・プラ　・缶　・ビン　・ペットボトル ・紙　・布製品　・粗大ゴミ　・不燃ゴミ	曜日
鼻をかんだティッシュ	・燃えるゴミ　・プラ　・缶　・ビン　・ペットボトル ・紙　・布製品　・粗大ゴミ　・不燃ゴミ	曜日
ペットボトルに巻かれた ジュースのラベル	・燃えるゴミ　・プラ　・缶　・ビン　・ペットボトル ・紙　・布製品　・粗大ゴミ　・不燃ゴミ	曜日
穴が開いてしまったくつ下	・燃えるゴミ　・プラ　・缶　・ビン　・ペットボトル ・紙　・布製品　・粗大ゴミ　・不燃ゴミ	曜日
ボロボロになったぞうきん	・燃えるゴミ　・プラ　・缶　・ビン　・ペットボトル ・紙　・布製品　・粗大ゴミ　・不燃ゴミ	曜日
こわれてしまったビニール傘(がさ)	・燃えるゴミ　・プラ　・缶　・ビン　・ペットボトル ・紙　・布製品　・粗大ゴミ　・不燃ゴミ	曜日
割れてしまったお皿	・燃えるゴミ　・プラ　・缶　・ビン　・ペットボトル ・紙　・布製品　・粗大ゴミ　・不燃ゴミ	曜日

12月 快適に生活するために、そうじのやり方を知り実践しよう

[ステップ3] そうじのやり方を考えよう

　以下の場所は、どのようなそうじ（もしくは片づけ）の仕方をするとよいでしょうか。
必要な用具とそうじ方法を書いてみましょう。知らない場合は、人に聞いたり調べてみましょう。

そうじする場所	必要なそうじ用具とそうじ方法
①床〔床のタイプ〕 ・じゅうたん・フローリング ・たたみ	
②窓	
③玄関	
④トイレ	
⑤風呂場	
⑥自分の机	
⑦カーテン	
⑧布団やシーツなどの寝具類	

［ステップ4］　ゴミの分別方法やそうじの仕方を学んだら、今度は実際に自分の部屋や机の上などのそうじを計画し、取り組んでみましょう。また終わったら実際の様子をふり返ってみましょう。

1）計画編

①どこのそうじをいつしますか？

自分の部屋のそうじ計画表	今回はする○・しない×	いつする	完了するまでの予定時間	終わったらチェック！
机の上				
机の引き出しの中				
床				
たんす、カラーボックス				
クローゼット				
床				
窓				
カーテン				
その他				
その他				

②部屋から出たゴミを捨てるのには部屋にゴミ箱（袋）が必要です。ゴミを分別して捨てるとしたら、ゴミ箱（袋）がいくつ必要ですか。［ステップ2］を参考にしましょう。

・必要なゴミ箱（袋）の数＿＿＿＿＿こ

・その数を用意しましょう。

③そうじ前の部屋の写真を撮って、このプリントのうらにはろう。

2）実践編　［ステップ3］のそうじのやり方を参考にしてそうじスタート！

3）ふり返り編

①やり終えた場所は「自分の部屋のそうじ計画表」にチェックしよう。

②そうじ後の写真を撮ってこのプリントの裏にはろう。

〔ビフォーアフターを比較して変わったところを3つ見つけて書こう〕

・＿＿＿＿＿＿＿＿＿＿＿＿＿＿＿＿＿＿＿＿＿＿＿＿＿＿＿＿＿＿＿＿＿

・＿＿＿＿＿＿＿＿＿＿＿＿＿＿＿＿＿＿＿＿＿＿＿＿＿＿＿＿＿＿＿＿＿

・＿＿＿＿＿＿＿＿＿＿＿＿＿＿＿＿＿＿＿＿＿＿＿＿＿＿＿＿＿＿＿＿＿

③今回のそうじで、自分のセールスポイント（特に、がんばったところ）は

・＿＿＿＿＿＿＿＿＿＿＿＿＿＿＿＿＿＿＿＿＿＿＿＿＿＿＿＿＿＿＿＿＿

④お家の人からのコメントをもらおう

・＿＿＿＿＿＿＿＿＿＿＿＿＿＿＿＿＿＿＿＿＿＿＿＿＿＿＿＿＿＿＿＿＿

1月 金銭感覚を身につけよう

メインアイテム…❹❼　サブアイテム……❾

1月は、お年玉など1年の中で、特に大きなお金を手にする月です。そこで日頃のお金の使い方を見直したり、お金の大切さや上手な使い方について考えてみましょう。

〔使うアイテム〕 ❹お金についての情報を整理する　❼お金の使い方について考える
　　　　　　　　❾おこづかい記録を続ける

【ステップ1】 値段を知ろう

以下のそれぞれが、どれくらいの値段で売られているか予想し、実際にお店に行って値段を調べてみましょう。　※100円ショップは除きましょう。

1）文具類（見に行ったお店の名前：　　　　　　　　　　　　　）

	ホッチキス	電卓	調べたいもの（　　　　　）
予　想	円	円	円
実　際	円	円	円

2）食品類（見に行ったお店の名前：　　　　　　　　　　　　　）

	シャケ弁当	カップラーメン	調べたいもの（　　　　　）
予　想	円	円	円
実　際	円	円	円

3）衣類（見に行ったお店の名前：　　　　　　　　　　　　　）

	くつ下1足	Tシャツ1枚	調べたいもの（　　　　　）
予　想	円	円	円
実　際	円	円	円

4）日用品（見に行ったお店の名前：　　　　　　　　　　　　　）

	ハンドソープ（300mℓ）	洗たく用洗剤（1つ）	調べたいもの（　　　　　）
予　想	円	円	円
実　際	円	円	円

●調べてみた感想

[ステップ２］　おみやげ代の使い方

　Ａさんは中学３年生の男の子で、昨日、修学旅行から帰り、家族におみやげを渡しました。おみやげに、使うことができる予算は3000円で、以下の表は売られていたもののリストです。弟には集めているのでキーホルダーを、お姉さんには記念に残るものを買ってきて、と頼まれていたようです。Ａさんのお金の使い方について、考えてみましょう。

●おみやげ屋さんに売られているものリスト

①ご当地おかしＡ	1000円
②名所をバックに似顔絵	1000円
③ご当地おかしＢ	800円
④プラモデル	700円
⑤ハンバーガーセット	700円
⑥ご当地産かまぼこ	500円
⑦クレープ	800円
⑧アクセサリー	500円

⑨ご当地限定スナックがし	400円
⑩名所の絵ハガキ（10枚入）	400円
⑪シャープペン	350円
⑫マンガ	350円
⑬携帯ストラップ	350円
⑭キーホルダー	300円
⑮ジュース	150円
⑯友だちとプリクラを撮る	300円

●Ａさんのお金の使い道

　ぼくはおかし好きだから、家族もおかしなら喜ぶと思い、①と③と⑨を買いましたが、帰ってから家族から「えっ、おかしだけ？」と言われてしまいました。あと、800円あまったから、お腹はすいてなかったけど、ぴったりの金額だったので、クレープを買って食べました。

1）Ａさんのお金の使い方について、もっとよい使い方はありそうですか？　あてはまる番号に○をつけてください。

　　　（ア）あると思う　　　（イ）どちらともいえない　　　（ウ）ないと思う

2）（ア）を選んだ人は、どのようにしたらよいかＡさんに考えてあげてください。

1月 金銭感覚を身につけよう

[ステップ３]　お年玉の上手な使い方

　お年玉は、合計すると高額になることもあります。もらったお金は、全部使いきったり、全部貯金するのではなく、バランスのよい上手な使い方を学ぶ機会にできるといいですね。

１）今年、お年玉でいくらもらいましたか？　　＿＿＿＿＿＿＿＿円

２）今、欲しいものと、その値段を以下に書きましょう。

欲しいもの	値　段
	円
	円
	円
	円

３）お年玉は、①今、欲しいものに使う分、②欲しいものがあったときのために貯めておく分、③将来に向けて使わないで貯金する分、の３つに分けて使うことをおすすめします。
　　以下、今年のお年玉の合計を①〜③にいくらずつ分けるか書きましょう。

①今、欲しいものに使う金額	②欲しいものがあったときのために貯めておく金額	③将来に向けて貯金する金額
円	円	円

４）たくさんのお金を貯めるときは口座をつくり、そこに貯めていくのが便利です。親と一緒に貯金することが多いと思いますが、郵便局や銀行の利用のしかたについて、知っておきましょう。以下、銀行口座管理のしかたについて、空欄にあてはまる語句を選択肢から選んで書いてみましょう。

　お金を安全に貯めるためには、（＿＿＿＿＿＿）や（＿＿＿＿＿＿）に口座（預かってもらう契約を交わすこと）をつくってお金を管理してもらいます。口座に入ったお金は、必要に応じて（＿＿＿＿＿＿）や（＿＿＿＿＿＿）を使って引き出します。

　カードでお金を引き出すときは、暗証番号が必要になります。この暗証番号は他人に（＿＿＿＿＿＿）番号にすることが大切で、自分の（＿＿＿＿＿＿）などにはしないようにします。また、口座に入っている金額を友だちに聞かれたら、（＿＿＿＿＿＿）にします。

（ア）カード　（イ）わかりやすい　（ウ）銀行　（エ）わかりにくい　（オ）こたえないよう
（カ）こたえるよう　（キ）ショッピングセンター　（ク）通帳　（ケ）誕生日　（コ）郵便局

[ステップ４] お金の使い方を学んだあとは、実際にお金の管理の練習をしてみましょう。お年玉の記録と、おこづかいの記録をしてみましょう。

１）お年玉の記録

日にち	ことがら（入金・出金内容）	入金	出金	残金
/		円	円	円
/		円	円	円
/		円	円	円
/		円	円	円
/		円	円	円
合計金額		円	円	円

２）１月おこづかいの記録

日にち	ことがら（入金・出金内容）	入金	出金	残金
/		円	円	円
/		円	円	円
/		円	円	円
/		円	円	円
/		円	円	円
合計金額		円	円	円

３）お金の使い方についてのふり返り

●記録をしてみた感想を書きましょう。

４）来月に向け、気をつけようと思うことや買いたいものを書きましょう。

2月 同じ失敗をくり返さないために

メインアイテム…❼❽　サブアイテム……❻❿

人はだれでも失敗します。失敗は成功の母と言いますね。いい失敗をし、同じ失敗をくり返さないことが大切です。

〔使うアイテム〕❼自分の行動をふり返る　　❽違う方法を考える　　❻忘れないようにする
❿失敗にイライラし過ぎない

1）ここに書かれているお話は、学校でよくありそうな失敗談です。Aくんに、あなたからのアドバイスや解決法を伝えてあげましょう。「同じ失敗をくり返さないために」というのが一番大事なポイントです。

Aくんは、中学1年生です。小学校にはなかった定期テストに、はじめてのぞみました。好きな英語にたっぷり時間を取ったので、英語はなんと満点でした。しかし、そのほかの教科は時間がなかったので、十分勉強ができず、どれも平均点を下回ってしまいました。

試験勉強の仕方についてのアドバイス

　　Aくん、

気持ちの切り替え方のアドバイス

　　Aくん、今回は残念だったけど、

試験勉強の時間の使い方のアドバイス

　　Aくん、

2）ここに書かれているお話は、学校でよくありそうな失敗談です。Bさんに、あなたからのアドバイスや解決法を伝えてあげましょう。「同じ失敗をくり返さないために」というのが一番大事なポイントです。

> Bくんは、中学1年生です。多くの中学校では合唱コンクールという行事があります。どのクラスも優勝めざして熱心に練習します。Bくんのクラスも音楽の時間だけではなく、放課後も使って練習していました。ある日、Bくんは歯医者の予約があったので、放課後の練習には出ずにだまって帰ってしまいした。次の日、Bくんは男子のパートリーダーの子に「放課後の練習も出ないとだめだよ」と言われました。しかし、Bくんは「放課後に何をしようと、おれの勝手だろ」と言い返しました。それ以降、みんなから話しかけられなくなりました。Bくんはさびしい気持ちになりました。

クラスの行事についてのアドバイス

Bくん、中学校の行事はね、

自分の用事との両立についてのアドバイス

Bくん、どうしても歯医者に行かないといけないのなら、

ことばづかいについてのアドバイス

Bくん、

2月 同じ失敗をくり返さないために

3) ここに書かれているお話は、学校でよくありそうな失敗談です。Cさんに、あなたからアドバイスや解決法を伝えてあげましょう。「同じ失敗をくり返さないために」というのが一番大事なポイントです。

> Cさんは、中学2年生です。2週間前に担任の先生から「進路に関する希望調査」というプリントが配られ「お家の人と話して、現時点での希望を書いてください」と言われました。Cさんは進路に関して何も考えていなかったのと、両親とも仕事が忙しそうだったので、そのプリントのことをすっかり忘れてしまいました。知らない間に提出期限が過ぎていたようで、先生から「何回もくり返すようなら今後、学校は君に対する進路指導をしないからな」と言われてしまいました。

提出期限についてのアドバイス

Cさん、進路の調査は、とても重要な書類だよ。

進路についてのアドバイス

Cさん、進路について考えるのは難しいけれど、

先生との関係についてのアドバイス

Cさん、先生には厳しいことを言われてしまったけれど、

4）ここに書かれているお話は、学校でよくありそうな出来事です。Dさんに、あなたからのアドバイスや解決法を伝えてあげましょう。

　　Dさんは、中学2年生です。Dさんは、お世話になった先輩（せんぱい）を送ってあげたいと思い、2か月後におこなわれる卒業生を送る会の実行委員になりました。今日は、各クラスの委員が集まって、役割を決める日でした。備品（びひん）係、プレゼント係などの係に人気が集中しましたが、Dさんはジャンケンで負けて、送る会当日の司会になってしまいました。大勢（おおぜい）の前で話したことがないDさんはとても不安になってしまいました。

役割についてのアドバイス1

Dさん、「司会」なんて聞くと難しそうって感じるけれど、

役割についてのアドバイス2

Dさん、本番までは2か月もあるんだから、

役割についてのアドバイス3

Dさん、でも送る会の司会、よく考えてもやっぱり自分には無理そうだと思うなら

163

3月 未来の自分へ、ライフプランを立てよう

メインアイテム…❹❼

3月は年度末、次の一歩に向かう時期です。今月は、少し先の自分を思い描いてみましょう。

〔使うアイテム〕❹将来に関しての情報を集める
❼自分が何に向いているか考える

[ステップ1]　親と暮らしている家から出て、1人暮らしを始めるのに必要なお金や、暮らすのにかかるお金を知ろう。

1）1人暮らしを始めるのに必要な主なお金には以下のものがあります。（　　　）にあてはまることばを下から選びましょう。

お金の名前		相場
①（　　　　　　　　　　）	何かあったときのために、大家さんに預けておくお金	家賃の1～3か月分
②（　　　　　　　　　　）	大家さんに、お礼として支払うお金	家賃の1～3か月分
③（　　　　　　　　　　）	物件を紹介してくれた不動産屋に支払うお金	家賃の1か月分
引っ越し費用	業者によって異なるので（④　　　　　　　　）を取る	40,000～70,000円
家電一式	冷蔵庫、洗たく機、炊飯器、電子レンジ、そうじ機、テレビなど	1つ5000円から数万円くらい

（ア）仲介手数料	（イ）見積り	（ウ）敷金	（エ）礼金			

2）毎月必ずかかるそれぞれの金額を予想した後、実際に調べてみましょう。

	予想（自宅の1か月の料金）	実際（親に聞いたり、インターネットで調べて書く）
電気料金	円	円
ガス料金	円	円
水道料金	円	円

※このほかに金額の大きなものに部屋を借りる場合、家賃がかかります。

3）家賃の相場を知ろう

自分が、今、住んでいる地域（路線）の1人暮らし用の物件（25㎡くらい）は、だいたいいくらか、賃貸住宅情報のサイトで調べてみよう。

線　　　　駅		円
線　　　　駅		円

[ステップ2] 暮らしの形態を知ろう

それぞれの暮らしにはメリット（よい点）とデメリット（よくない点）があります。長く、生活が楽しめる形態を選びたいものです。

1) 実家暮らし（親と一緒に暮らすこと）

メリット	デメリット	実家暮らしが自分に向いてるかどうかを○、△、×で記入
		記号
		そう思った理由

2) 1人暮らし

メリット	デメリット	1人暮らしが自分に向いてるかどうかを○、△、×で記入
		記号
		そう思った理由

3) その他

	自分に向いてるかどうかを○、△、×で記入	そう思った理由
ルームシェア （複数名で一部屋を借りる）		
学生寮・社員寮 （食事は食堂でとれることもある）		
シェアハウス （複数名で複数の部屋を借りる）		

165

3月 未来の自分へ、ライフプランを立てよう

[ステップ3] 自炊、そう菜（弁当店）、外食を比べよう

　同じメニューを食べるとしても、どこで食べるかによって、かかるお金は異なります。ここではミートソーススパゲティを例にして考えてみます。

1）自炊する場合

1人分の量	1人分の費用予想	実際 （ネットやスーパーなどで調べる）
パスタ100ｇ	円	円
ミートソース缶 	円	円
	合計	円

2）コンビニやスーパーのミートソーススパゲティ（そう菜）

予想	実際の値段
円	円

3）ファミリーレストランのミートソーススパゲティ

予想	実際の値段
円	円

4）それぞれのメリット（よい点）、デメリット（よくない点）

	メリット	デメリット
自炊		
コンビニやスーパーのそう菜や弁当		
外食		

[ステップ４] 人生の設計図

１）学歴に関しての希望は？

- この設計図を描いた日（　　年　　月　　日）自分の年齢（　　歳　　か月）
- 最終学歴としては・高校・専門学校・大学・その他（　　　　　　　）卒業が希望

　なぜかというと

２）就職に関しての希望

- 勤めてみたい、やってみたい職種は？

３）その職種に就くために必要なことは？（あてはまるものに○をする）

（ア）コミュニケーション力など対人能力
（イ）資格（　　　　　　　　　）などを取得する
（ウ）語学力　　（エ）体力　　（オ）特別な知識（　　　　　　　）
（カ）集中力・持続力　　（キ）健康　　（ク）SOS発信力（困った時に相談できる力）
（ケ）時間を守れる　　（コ）締め切りが守れる　　（サ）気持ちの安定
（シ）その他：（　　　　　　　　　　）

４）就職後、住む場所に関しての希望は？（あてはまるものに○をする）

（ア）１人暮らし （イ）実家暮らし （ウ）その他 　　　シェアハウスなど	実家以外で暮らす場合、どんなところがいいですか。 （ア）実家のそば （イ）実家からは数十分離れている場所 （ウ）実家と違う県

５）結婚に関しての希望は？

（ア）したい （イ）したくない （ウ）わからない	結婚する場合、何歳くらいでしたいですか。 （ア）20代中ごろまで （イ）20代後半まで （ウ）30代で　　　（エ）いい人と出会えた時 （オ）その他：

167

著者一覧（五十音順）

●**安住　ゆう子（あずみ　ゆうこ）**
東京学芸大学大学院修士課程学校教育専攻　発達心理学講座修了／NPOフトゥーロ LD発達相談センターかながわ　所長／特別支援教育士SV／公認心理師
【主な著書】『教室でできる特別支援教育のアイディア　中学校編』（分担執筆）図書文化／『軽度発達障害の心理アセスメント』（分担執筆）日本文化科学社／『WISC-III アセスメント事例集』（分担執筆）日本文化科学社／『教室・家庭でいますぐ使えるSST』『あそびっくす！まなびっくす！』『あたまと心で考えよう SST ワークシート』『ワーキングメモリーとコミュニケーションの基礎を育てる聞きとりワークシート①②③』『自己・他者の感情理解を育てる　SSTカード教材　気持ちチップ』かもがわ出版・『心理検査入門』（編著）合同出版　他

●**鈴木　弦（すずき　げん）**
東北福祉大学総合福祉学部福祉心理学科卒業／元NPOフトゥーロ LD発達相談センターかながわ／特別支援教育士
【主な著書】『あたまと心で考えよう SST ワークシート』『ワーキングメモリーとコミュニケーションの基礎を育てる聞きとりワークシート①②③』『自己・他者の感情理解を育てる　SSTカード教材　気持ちチップ』かもがわ出版

●**芳賀　亮一（はが　りょういち）**
成蹊大学文学部英米文学科卒業／NPOフトゥーロ LD発達相談センターかながわ／特別支援教育士／公認心理師
【主な著書】『子育てサポートブック』（共著）LD発達相談センターかながわ／『自立のためのLD指導プログラム』（共著）LD発達相談センターかながわ／『あたまと心で考えよう SST ワークシート』『ワーキングメモリーとコミュニケーションの基礎を育てる聞きとりワークシート①②③』『自己・他者の感情理解を育てる　SSTカード教材　気持ちチップ』かもがわ出版

●**藤村　愛（ふじむら　あい）**
明星大学大学院 人文学研究科 心理学専攻 修士課程修了／NPOフトゥーロ LD発達相談センターかながわ／臨床心理士
【主な著書】『子育てサポートブック』（共著）LD発達相談センターかながわ／『あたまと心で考えよう SST ワークシート』『ワーキングメモリーとコミュニケーションの基礎を育てる聞きとりワークシート①②③』『自己・他者の感情理解を育てる　SSTカード教材　気持ちチップ』かもがわ出版

●**三島　節子（みしま　せつこ）**
東京学芸大学教育学部卒業／NPOフトゥーロ　LD発達相談センターかながわ／公認心理師
【主な著書】『教室でできる特別支援教育のアイディア172　小学校編』（分担執筆）図書文化／『きみならどうする―LDのためのソーシャルスキル』（共著）日本文化科学社／『教室・家庭でいますぐ使えるSST』『あたまと心で考えよう SST ワークシート』『ワーキングメモリーとコミュニケーションの基礎を育てる聞きとりワークシート①②③』『自己・他者の感情理解を育てる　SSTカード教材　気持ちチップ』かもがわ出版　他

体験しながら育もう
実行機能力ステップアップワークシート
自立に向けてのアイテム10

2017年10月10日　　第1刷発行
2025年 4 月 3 日　　第9刷発行

編　著／©NPOフトゥーロ LD発達相談センターかながわ

発行者／田村太郎

発行所／株式会社 かもがわ出版
〒602-8119　京都市上京区堀川通出水西入
☎075（432）2868　FAX 075（432）2869
振替　01010-5-12436

印　刷／シナノ書籍印刷株式会社

ISBN978-4-7803-0928-7 C0037　　　　　　　　　　　　　　　Printed in Japan